SITUATION ET POLITIQUES DE L'EMPLOI EN CÔTE D'IVOIRE (1980-1990)

Paul Koffi KOFFI

SITUATION ET POLITIQUES DE L'EMPLOI EN CÔTE D'IVOIRE (1980-1990)

Préface de Bakary Konaté

L'Harmattan
Côte d'Ivoire

OUVRAGES PARUS

- *Le défi du développement en Côte d'Ivoire* Ed Harmattan, 2008 ;
- *Houphouët-Boigny et les mutations politiques en Côte d'Ivoire 1980 à 1993*, Ed Harmattan, 2010 ;
- *Les années Bédié : 1993-1999 et l'appel de Daoukro de 2014*, Frat Mat Editions, 2017 ;
- *Management stratégique, approches et expériences,* Editions Tabala ,2017 ;
- *Employabilité des diplômés du secteur éducation-formation en Côte d'Ivoire*, Ed Harmattan, *2021*
- *Le Monde, l'Afrique et la Côte d'Ivoire d'hier à l'Horizon 2040, Editions Harmattan 2021*

5-7, rue de l'École-Polytechnique ; 75005 Paris

www.editions-harmattan.fr

ISBN : 978-2-14-029469-3
EAN : 9782140294693

SOMMAIRE

PREFACE

Lorsque mon jeune frère et ami Paul Koffi Koffi m'a demandé de préfacer son ouvrage, le septième qu'il écrit, c'est avec plaisir que j'ai accepté. Il a pris soin de m'envoyer le manuscrit. Je lui ai dit ceci : « petit frère merci pour la confiance et l'estime que tu me portes. En outre, je lui ai adressé mes félicitations pour la qualité du livre, les informations qui s'y trouvent, les recherches qu'il a effectuées pour le rédiger, et qu'enfin, ce livre devrait servir aux jeunes générations, étudiants, chercheurs, naturellement aux décideurs impliqués dans la gestion des affaires publiques notamment dans l'emploi ».

Par ailleurs, nous avons été tous les deux collaborateurs très proches, et bien d'autres qu'on ne pourrait pas citer ici, du ministre du travail feu Albert Vanié bi Tra. Koffi Koffi m'a dit qu'il lui dédiait ce livre et j'en ai été très heureux et ému. En effet, Koffi Koffi nous a rejoint au ministère du travail et de l'ivoirisation des cadres en 1983 après ses études. Après quelques hésitations du ministre compte tenu de son jeune âge, pour lui confier des lourdes charges de directeur de l'emploi, il a fini par le faire. Après quelques années, il nous a dit ceci : « j'ai hésité mais je n'ai pas eu tort, ce garçon est brillant et remarquable ». C'est d'ailleurs ce qui est écrit dans son évaluation de fin d'année.

Nous sommes restés de véritables amis et frères, il m'a accompagné dans la restructuration de l'Office de la Main-d'œuvre de Côte d'Ivoire (OMOCI) que je dirigeais, et c'est avec beaucoup de peine qu'on l'a laissé partir au Bureau international du travail (BIT). Dieu faisant les choses, il est revenu et a occupé des hautes fonctions notamment ministérielles et il n'hésitait pas à me recevoir et à me rendre visite chaque fois qu'il le pouvait.

Je ne savais pas qu'il était un « écrivain caché », bien qu'il nous livrait régulièrement ses notes, études, rapports et analyses sur la situation de l'emploi. Il a développé l'appareil statistique, d'études et de planification au ministère du travail. Il a conduit l'enquête sur l'ivoirisation des cadres et bien d'autres chantiers comme sur le secteur informel. Maintenant, nous avons à faire à un véritable écrivain à ce rythme de production d'ouvrages.

En mon nom propre et au nom de tous les anciens que nous sommes du ministère du travail, je le félicite et lui souhaite pleins succès dans la diffusion de ce livre, pour les autres à venir et pour sa carrière qui est loin de s'achever.

Konaté Bakary
Administrateur du Travail et des Lois Sociales
Ancien Directeur Général de l'Office de la Main-d'œuvre de
Côte d'Ivoire (OMOCI)

HOMMAGES ET REMERCIEMENTS

Je dédie cet ouvrage à feu Albert Vanié Bi Tra, ministre du travail et de l'ivoirisation des cadres qui a été mon premier « patron » dans la vie professionnelle que j'ai servi de 1983 à 1989 avant qu'il m'autorise à rejoindre le Bureau International du travail (BIT) à l'issue d'un appel à candidature, pour la Guinée, puis Madagascar.

Arrivé très jeune des études d'ingénieur statisticien économiste en 1983, de l'ENSAE/CESD de Paris, il n'a pas hésité à m'embaucher, puis une année plus tard à me nommer sous-directeur des programmes et de la planification des ressources humaines, ensuite, encore un an après, à me proposer en 1985 directeur de l'emploi dans le même département ministériel, à l'âge de 28 ans, là où la moyenne d'âge des directeurs était de 35 à 45 ans.

Je remercie tout le ministère du travail, dont le ministre lui-même, son directeur et son chef de cabinet, mes collègues directeurs ou collaborateurs de tout grade et fonction. Je vais citer quelques-uns : Mme Elisabeth Thiam Faber, la directrice de cabinet, monsieur Brizoua bi, le chef de cabinet, et tous mes collègues directeurs, notamment mes aînés, Konaté Bakary directeur de l'OMOCI, Henri Gelas ex-directeur de l'emploi, Essigan Assomou directeur du travail, Essey Bonzou directeur de l'ivoirisation, Edmond Fronce Konaté inspecteur général, N'guessan Zouckoux Maurice, ex directeur de l'OMOCI, le conseiller technique Sanogo Pornon, Latte Ekoudou, Dr Kounandi Coulibaly, Dr K. Diby, etc., mes collaborateurs au ministère du travail dont Dr Flindé Albert devenu ministre plus tard après avoir été coordonnateur du PVRH, mes sous-directeurs Kreman Konan et Fossou Krou, et tous les autres collaborateurs, tels Goorey Alain, Mme Aguia Solange, Gnangbo Célestin sous-directeurs à l'OMOCI, etc.

Pour cet ouvrage, je m'en vais remercier le Président de la commission de l'UEMOA, M. Abdoulaye Diop, ainsi que tous les collègues commissaires, collaborateurs du département de l'aménagement du territoire et des transports communautaires (DATC) et aujourd'hui du département du développement de l'entreprise, des mines, de l'énergie et de l'économie numérique (DEMEN), de même que tout le personnel de l'organisation.

Naturellement, je n'oublie pas ma famille qui m'a toujours soutenu mon épouse Fanta Koffi, mon fils Daniel Kouamé Koffi sans oublier tous les parents, frères, sœurs, amis et connaissances, ainsi que feu Kouadio Koffi Félix, mon père, feue Kouadio Affoué Madeleine, ma mère, et feu le Professeur Bohoussou Kouadio Marcelin, mon oncle.

AVANT PROPOS

Je suis à mon septième ouvrage. Cette fois-ci, abordant à nouveau le thème de l'emploi, comme dans l'ouvrage sur l'employabilité des diplômés du système éducation-formation, domaine que j'ai servi pendant plusieurs années, notamment lorsque j'ai commencé à travailler au ministère du travail et de l'ivoirisation des cadres de 1983 à 1989. Je venais d'achever mes études supérieures d'ingénieur statisticien économiste à Paris à l'ENSAE, et nous sommes en 1983. J'avais 26 ans.

La Côte d'Ivoire auréolée de ces vingt années de croissance et de développement, de 1960 à 1980, était en train de devenir une nation émergente comme les « dragons » et les « tigres » d'Asie autour du Japon, notamment la Corée du sud, Singapour, la Malaisie, la Thaïlande et l'Indonésie. Mais hélas, les chocs pétroliers successifs l'ont amenée à réviser ses stratégies. Le seuil de pauvreté jugé acceptable de 10% en 1985, et un PIB par tête de 1000$ donc pays à revenu intermédiaire selon la classification de la Banque mondiale.

La Banque mondiale et le Fonds monétaire international (FMI) pour réduire les déséquilibres économiques et financiers amèneront la Côte d'Ivoire comme de nombreux autres pays d'Afrique subsaharien, à son premier programme d'ajustement structurel entre 1981 et 1984 et bien d'autres s'en suivirent sans fin jusqu'à la dévaluation du FCFA en 1994 combinée à la réduction de la dette dans le schéma des pays pauvres très endettés (PPTE) qui après plusieurs tentatives dans un contexte politique de crise dès 1993, finit par se concrétiser en 2012. Sommes-nous sortis de cette spirale de croissance et de dette ?

En septembre 1983, je fais mes débuts dans la vie active après mon diplôme d'ingénieur statisticien économiste à Paris à l'ENSAE/CESD, au ministère du travail et de l'ivoirisation des cadres comme chargé d'études. M. Albert Vanié Bi Tra est le ministre. Très rapidement de février 1984 à janvier 1985 me voilà successivement sous-directeur chargé de la planification des ressources humaines puis directeur de l'emploi. J'avais 28 ans en 1985.

En 1989, je venais d'avoir 32 ans, je suis retenu par le Bureau international du travail (BIT) et le Fonds des nations unies pour la population (FNUAP) par un appel à candidature à l'international, pour piloter un programme de population et développement en Guinée jusqu'en 1994, puis à Madagascar de 1995 à 1997 en qualité de conseiller technique principal avant d'être rappelé par le gouvernement en 1997 de mon pays. Je venais d'avoir 40 ans en 1997. Je rentrais comme conseiller technique chargé des programmes économiques et financiers du ministre de l'économie et des finances monsieur Niamien N'Goran, puis directeur de cabinet adjoint en 1998 jusqu'au coup d'Etat de décembre 1999, avant de rejoindre dès février 2000 le cabinet du Premier ministre Seydou Diarra comme conseiller économique, j'avais 43 ans.

C'est mon passage au ministère du travail et de l'ivoirisation des cadres, de 1983 à 1989 notamment, mes travaux, les recherches, les études et mon expérience que je présente ici dans cet ouvrage.

Par ailleurs, après toutes ces années, notamment de 1960 à 1980, la Côte d'Ivoire dès 1981 connaissait l'expérience du chômage des diplômés de l'enseignement supérieur, des compressions de personnels liées à la conjoncture économique défavorable, et à une persistance de l'inadéquation entre la formation et l'emploi ce qui se traduisait par des distorsions sur le marché de l'emploi.

La structure de l'emploi qui reste majoritairement agricole et traditionnel, ou informel peu productif et sous employé, peinait déjà et encore actuellement à se transformer par des emplois modernes impulsés par le secteur privé, demeure le talon d'Achille, en dépit d'une grande résilience de l'économie. De nombreux pays africains vivent cette structure de la main-d'œuvre. L'Etat demeure le plus gros employeur rémunérateur au salaire. Comment faire réussir cette transition ? Très peu fiscalisés mais gros employeurs par excellence, l'agriculture et le secteur informel méritent toutes les attentions.

L'Asie a réussi à organiser et structurer au mieux le secteur informel, à le transformer pour en faire un secteur productif source de création des PME. Les niveaux de fiscalité dans ces pays dépassent les 15% du PIB là où nous sommes encore à 13 et 15% dans le meilleur des cas du PIB, au niveau des pays de l'UEMOA. La fiscalité qui génère les ressources publiques est la première source de l'indépendance économique.

« Si vos recettes budgétaires sont faibles et insuffisantes comment pouvez-vous amorcer un développement moins endetté et plus autonome », aimait à le dire un ministre de l'économie et des finances.

Aujourd'hui, pour les jeunes, l'éducation, la formation et l'emploi sont les problèmes essentiels de cette tranche de la population. Cela ralenti la réalisation des objectifs d'émergence que de nombreux gouvernements se sont fixés.

En avril 2019, en soutenant ma thèse de doctorat en économie, j'ai démontré que la formation professionnelle est l'une des portes de sortie du chômage des diplômés issus du système éducatif. Un ouvrage y est consacré.

Hélas, l'outil essentiel de la politique de la formation professionnelle en Côte d'Ivoire qui était l'ONFP sera dissout dans les programmes d'ajustement structurel (PAS) et le ministère de l'enseignement technique et de la formation professionnelle finira par soit se fondre dans un grand ministère de l'éducation nationale, soit par être démembré, soit par disparaître des tablettes gouvernementales selon les années, soit à être réduit à un secrétariat d'Etat. Il faut espérer qu'il ait toujours sa place à part entière dans les gouvernements pour espérer former du personnel qualifié pour l'émergence économique.

Par ailleurs, on a un ministère de l'emploi aussi démembré entre l'emploi tout court qui englobe les affaires sociales, et parfois un autre chargé de l'emploi des jeunes donnant des stratégies différentes et une incohérence. En d'autres termes, là où il est nécessaire d'avoir un département spécifique chargé de l'enseignement technique et de la formation professionnelle d'une part, et d'autre part, un département chargé de l'emploi unique quel que soit la tranche d'âge (jeune ou pas) et qui traiterait de la politique, des stratégies et des programmes d'emplois, on a une instabilité institutionnelle à géométrie variable.

En attendant, nous allons à travers cet ouvrage, scruter la période 1980 à 1990. On notera que le regard sur le passé est très utile et que la problématique de l'emploi demeure scotchée à une faiblesse de la main-d'œuvre dans ses capacités à s'ajuster au marché de l'emploi.

Cette problématique de l'emploi et de la formation professionnelle est valable dans tous les pays de la sous-région. La Commission de l'UEMOA en fait d'ailleurs une préoccupation.

INTRODUCTION

La situation et la politique de l'emploi en Côte d'Ivoire 1980-1990, est une nécessité de revenir et de parcourir une époque où la Côte d'Ivoire commençait à rentrer en récession après vingt ans de croissance et de développement.

Après des périodes fastes et de gloire, les diplômés peinaient à avoir un emploi à leurs fins d'études et malgré leurs diplômes en poche. Les compressions de personnels pour chute, baisse d'activités ou fermetures d'entreprises commençaient à se faire sentir.

C'est aussi le début de la dissolution de nombreuses sociétés d'Etat et d'établissements publics sur recommandation de Bretton Woods pour réduire le déficit public.

L'ouvrage se présente sous la forme de neuf (9) chapitres. Il s'agit en premier lieu de poser la problématique de l'emploi et du développement et surtout de définir les principaux concepts dont la population active, le chômage, etc., en ayant pris soin de définir le cadre institutionnel de la gestion de l'emploi.

Puis, une description de l'emploi s'en suit notamment une présentation de la structure de l'emploi : secteur moderne, secteur agricole traditionnel et le secteur informel ou dit non structuré.

Suivront une analyse du marché de l'emploi, et de la corrélation entre la production et l'emploi notamment le chiffre d'affaires et l'emploi. Ce qui donne des modèles de prévision d'emplois.

L'emploi féminin est examiné dans toutes ses composantes : population active, urbaine, rurale, effectifs dans le secteur privé, qualification, etc.

Ensuite, la politique de l'ivoirisation des emplois dans le secteur privé fait l'objet d'une attention particulière. Il s'agit de promouvoir l'emploi des ressources humaines nationales, surtout quand des diplômés sortent des écoles et éprouvent des difficultés à l'embauche.

Les politiques et programmes d'emplois sont passés au peigne fin pour voir leur particularité, et jeter un regard sur les perspectives de l'emploi au regard des perspectives démographiques et économiques.

Un regard est porté sur l'emploi agricole traditionnel et sur le secteur informel qui sont les grands pourvoyeurs d'emplois mais mal organisés.

Enfin, aucun système d'emploi efficace ne peut fonctionner sans système d'information et de planification.

Au total, nous pensons que ce regard rétrospectif est important pour comprendre le monde de l'emploi aujourd'hui pour mieux se projeter demain. On verra que des problèmes demeurent d'actualité en dépit des années passées.

I. POPULATION, DÉVELOPPEMENT ET RESSOURCES HUMAINES

1.1. Problématique

Le traitement des questions d'emploi fait appel à la problématique de la population, de la dynamique démographique et du développement notamment, celle des ressources humaines c'est-à-dire du capital humain.

En effet, la théorie du capital humain développée par des économistes comme Garry Becker (1930-2014)[1], prix Nobel d'économie, a mis en évidence les liens entre la production, son efficacité et les ressources humaines où l'on trouve en bonne place l'emploi. C'est le facteur humain, la main d'œuvre qui crée la richesse donc qui est le facteur économique le plus important. C'est ce facteur qui va combiner son savoir-faire avec le capital physique et financier pour produire les biens et services.

Hier, au cours des années 80 ou 90 et comme aujourd'hui, aucun pays au monde ne peut rester indifférent face au problème de la population et de la croissance démographique.

La conférence mondiale sur la population en 1974 à Bucarest[2], la crise économique des années 80, la sécheresse et la famine dans certaines régions du monde sont des alertes aux gouvernements pour orienter les politiques de développement dans le sens de la satisfaction des besoins essentiels (alimentation, éducation, santé, emploi, habitat etc.).

La Côte d'Ivoire, pays situé en Afrique occidentale n'est pas demeurée en reste, puisque les choix en faveur de la promotion des ressources humaines sont autant prioritaires que l'option croissance dans la planification du développement, bien qu'il reste beaucoup à faire. A ce titre, il faut noter que l'agriculture et l'éducation ont toujours été

---

[1] Garry Becker *The Economic Approach to Human Behavior*, University of Chicago, 1976

[2] Nations Unies, *Conférence Mondiale sur la population et le développement à Bucarest du 19 au 30 août 1974.*

des secteurs prioritaires des actions de l'Etat. Le Président Houphouët-Boigny ayant bien compris cela avait « décroché » les enseignants du statut régulier de la fonction publique pour leur attribuer un statut particulier avantageux.

Ceci expliquant cela, la Côte d'Ivoire au cours des années Houphouët, c'est-à-dire de 1960 à 1993 en général et en particulier de 1960 à 1980 avant les programmes d'ajustement structurel, a connu une bonne qualité de ses ressources humaines qui faisaient la fierté du pays en Afrique. Un système de bourses transparent et aux plus méritants, entre autres, a permis à plusieurs générations de se former dans des universités et grandes écoles du monde. Avant même l'indépendance, dans le cadre de *« l'aventure 46 »*, il avait marqué le monde par une vision claire et nette sur la nécessité de promouvoir les ressources humaines, quand il était député en France, puis en tant que Chef d'Etat après les indépendances, il a formé dans les secteurs d'activités et catégories socioprofessionnelles des hommes de valeurs dont les dernières générations s'en vont à la retraite. Ils ont eu à occuper des postes de grandes responsabilités.

Aujourd'hui, le critère essentiel est malheureusement l'appartenance politique ou la qualité de combattant. Il faut être parfois un « gros bras » et franchir à peine le lycée pour espérer gravir rapidement les échelons de la vie publique. Il y a donc une régression de la politique et par conséquent de la qualité des ressources humaines Ivoiriennes, à comparer avec celles formées au cours de ces années.

Le pays également ouvert sur l'extérieur donc à forte migration internationale, a commencé à partir de la conférence de Bucarest en 1974, principalement en 1982 à faire de la question de la population et du développement une importante signification, puis après la deuxième conférence au Caire en 1984. Ainsi, en 1982, sous l'égide de la Commission économique pour l'Afrique (CEA), un séminaire national sur "population et développement "a été organisé, et en 1985, un atelier sous régional à Abidjan par l'Ecole nationale supérieure de statistique et d'économie appliquée (ENSEA) et le FNUAP sur "l'intégration de la variable population dans les plans de développement". En mars 1997, la Côte d'Ivoire adopte sa « *Déclaration de Politique nationale de population* (DPNP) »[3].

1.2. Population et développement

Le lien entre le développement et la population de tout temps a été établi. Déjà Thomas Malthus[4] (1766-1834) économiste du XVIIIème siècle avait démontré qu'une croissance démographique est exponentielle face à la production, et qu'en conséquence, si l'on ne la maîtrise pas, la population s'appauvrit. Il faut alors procéder à un contrôle des naissances.

Au XXème siècle la communauté internationale a fait sienne cette théorie et a créé le Fonds des nations unies pour la population (FNUAP)[5] en 1967, afin de réguler la croissance démographique en fonction des ressources économiques. Ainsi, elle a organisé en 1974 à Bucarest[6] en Roumanie, la première conférence internationale décennale sur la population et le développement, et a soutenu les programmes de planification familiale partout dans le monde.

Depuis Bucarest, les politiques de population ont suscité à travers conférences et séminaires beaucoup de débats très controversés. En Côte d'Ivoire, la population est considérée comme une richesse qui doit être la base et la finalité du développement, bien qu'il faille promouvoir et libéraliser la planification familiale.

Le problème de la population se pose en ces termes :

- forte prédominance de la jeunesse qui accroît rapidement la demande sociale ;
- déséquilibres spatiales : entre régions (forêt et savane), et entre milieu rural et milieu urbain ;
- déséquilibre entre la population nationale et la population immigrée.

---

[3] Ministère du Plan, *Déclaration de Politique Nationale de Population,*1997.
[4] Thomas Malthus, *Essai sur le principe de la population,* 1798.
[5] FNUAP fonds des Nations Unies pour la Population créé en 1967.
[6] Nations Unies, *La Conférence mondiale sur la Population 1974, 1984,1994.*

1.3. Situation macro-économique

Indépendante depuis 1960, la Côte d'Ivoire s'est engagée sur un chemin de croissance et de développement qui lui réussit depuis 20 ans, avec un rythme moyen de 7% l'an en termes réels du produit intérieur brut (PIB). Nous sommes en 1980, malheureusement, la détérioration des termes de l'échange, notamment la baisse des cours mondiaux du café et du cacao, exportés par rapport à l'augmentation des prix du pétrole importé, a contrarié ce modèle.

Le gouvernement avec ses partenaires bilatéraux et multilatéraux que sont le Fonds monétaire international (FMI) et la Banque mondiale (BM) ont engagé des programmes d'ajustement structurel depuis 1981.

Ce processus d'ajustement comprend des mesures économiques et de finances publiques, notamment de réduction des dépenses publiques dont la baisse des investissements publics vis-à-vis des secteurs sociaux, diminution des transferts de l'Etat aux entreprises parapubliques, ceci en vue de réduire le déficit public. Le service de la dette s'est alourdi et on note que le déficit public a atteint -12% du PIB en 1989.

Figure 1 : Evolution du taux de croissance réelle du PIB en Côte d'Ivoire de 1961 à 2005 en %

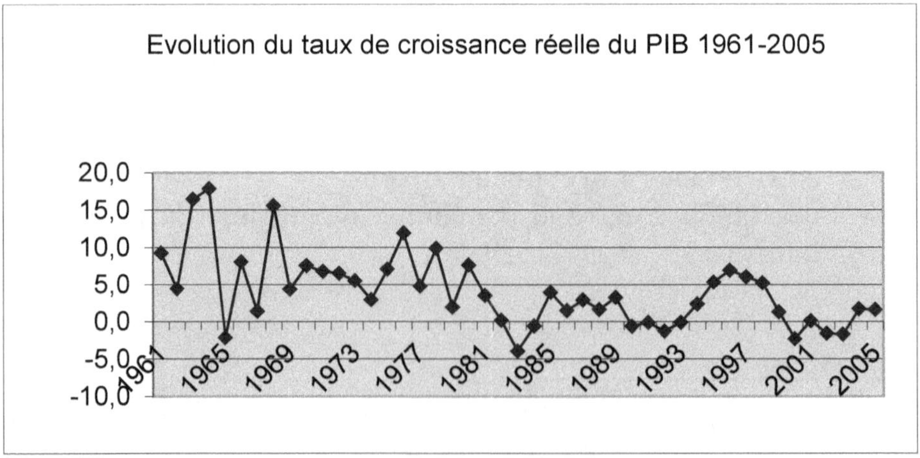

Source : INS

Figure 2 : Evolution de l'encours de la dette extérieure en % du PIB en Côte d'Ivoire de 1970 à 1990

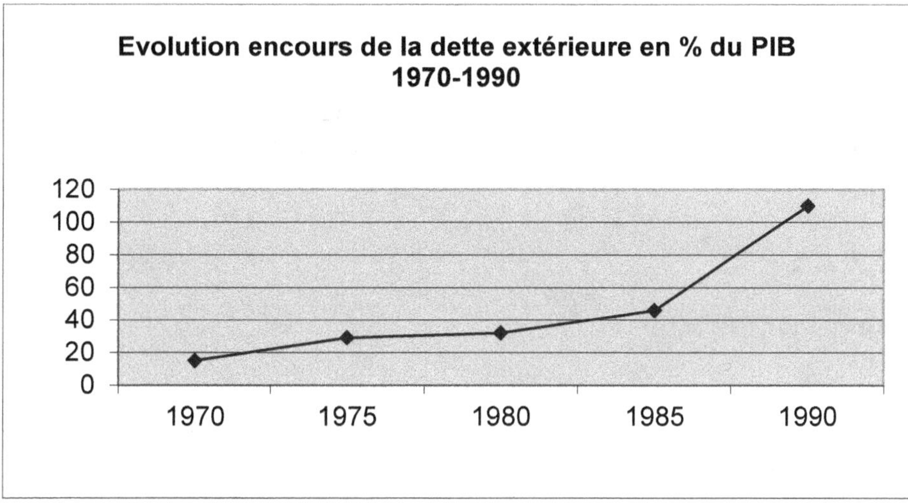

Source : DCPE/MEF

Figure 3 : Encours de la dette publique extérieure en Côte d'Ivoire de 1970 à 2000

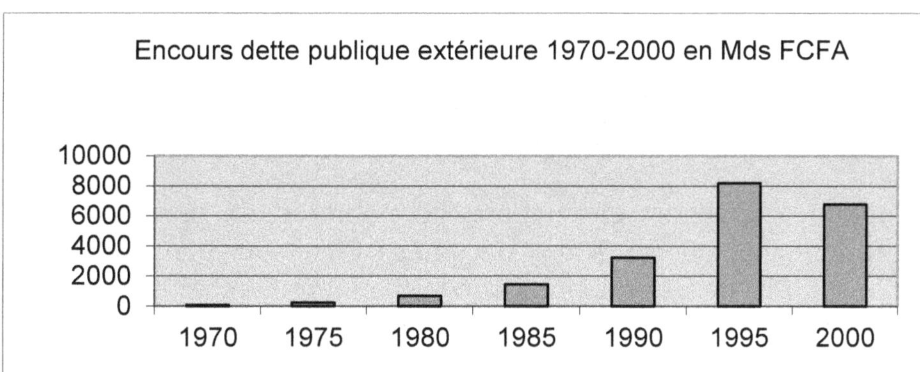

Source : DCPE/MEF

Figure 4 : déficit budgétaire en Côte d'Ivoire de 1985 à 2005

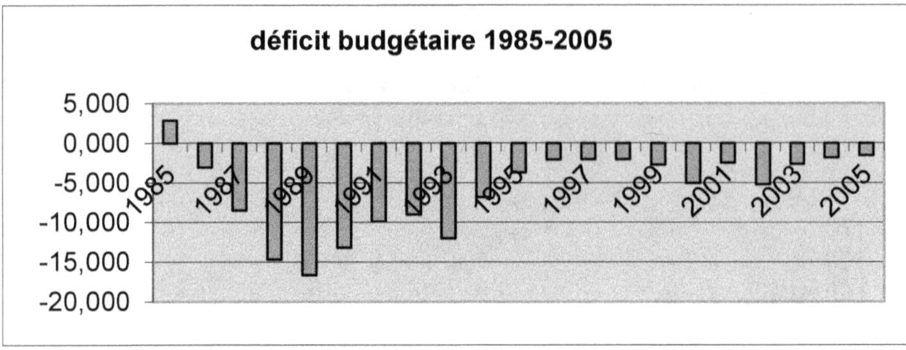

Source : DCPE/MEF

Depuis 1981, les incidences se font ressentir sur les politiques, et les programmes des ressources humaines tels l'éducation, la santé, l'emploi, ainsi que sur le quotidien des populations. A cause de cette crise, tous les ministères sont soumis à des pressions pour faire des économies. Des acquis importants dans le domaine des ressources humaines ont été compromis alors qu'il faut des ressources humaines performantes pour impulser le développement. Ainsi, la problématique de la population et du développement s'est élargie pour prendre en compte les besoins essentiels notamment des jeunes, force active du pays. L'amélioration des conditions de vie de la population et la satisfaction des aspirations de la jeunesse sont devenues des objectifs prioritaires, mais difficiles à assurer.

L'optique nataliste[7] en matière de politique de population est prédominante au cours des décennies 80 et 90. Bien qu'aucune option officielle ne soit prise sur le planning familial, la tendance nataliste n'est pas encore remise en cause jusqu'en 1997 à l'adoption de la déclaration nationale de politique de population (DPNP). Les efforts qui doivent être engagés vont dans le sens de la recherche de l'équilibre entre les régions notamment rural/urbain, de la satisfaction des besoins essentiels de la population notamment de la jeunesse, de l'amélioration de la santé de la mère et de l'enfant par l'espacement des naissances et le programme élargi de vaccination,

[7] Ministère du plan ; Plan 1971-1975, 1976-1980, et 1981-1985

ainsi que la promotion de la santé mère/enfant, et la maîtrise des flux migratoires.

Aujourd'hui, il est question de dividende démographique c'est-à-dire comment faire en sorte pour que la transition démographique puisse profiter aux Etats et aux populations.

1.4. Sources des données démographiques et profil général de la population

Quelles sont les sources de données démographiques et le profil démographique de la Côte d'Ivoire ?

Figure 5 : Evolution de la population de Côte d'Ivoire de 1960 à 2005

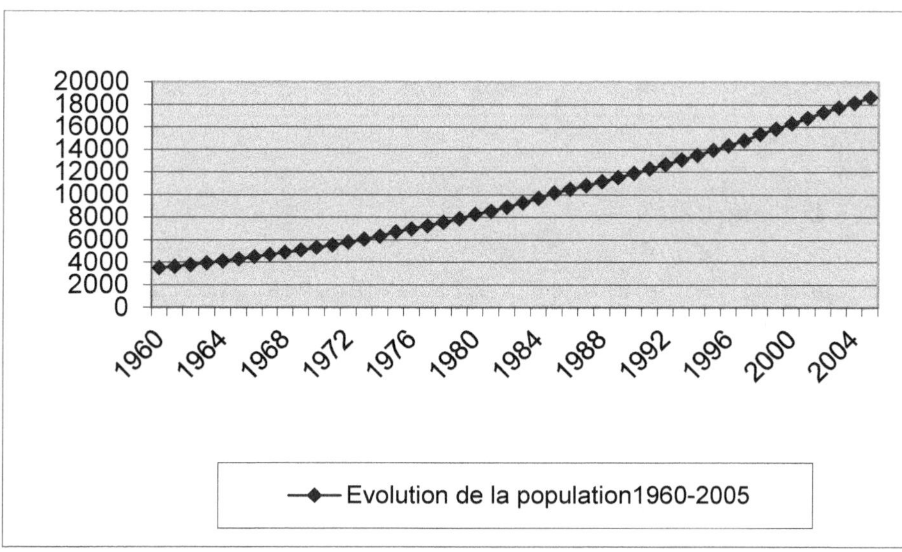

Source : INS

Le Recensement Général de la Population et de l'Habitat (RGPH)

Le recensement de 1975 reste la seule et première opération exhaustive d'envergure initiée dans le pays jusqu'en 1988. Sur la période 1980 à 1990, il y a eu un autre RGPH en 1988, puis en 1998 pour respecter les 10 ans d'intervalle. Le dernier RGPH date de 2014 et un autre est envisagé pour 2019.

Selon le recensement général de la population et de l'habitat (RGPH) de 1975, il a été dénombré 6 709 000 habitants. Malgré les difficultés constatées, il constitue une source de données couvrant la structure totale de la population. Il a été réalisé par la direction de la statistique au ministère du plan et les résultats ont fait l'objet de plusieurs publications. En 1998, le RGPH[8] a donné une population de 15,6 millions d'habitants et celui de 2014 à 22,671 millions d'habitants. Il a également servi de base de sondage aux enquêtes postérieures.

Tableau 1 : Evolution de la population de 1965 à 2014

Année	**1965**	**1975**	**1980**	**1985**	**1988**	**1998**	**2014**
Effectif (en millier d'habitants)	4 000	6 709	8 260	10000	11094	15600	22671

Source : INS

Les enquêtes

Les premières enquêtes démographiques datent d'avant l'indépendance. Entre 1961 et 1965 une série d'enquêtes démographiques a été menée au niveau régional par le ministère du plan. Ces opérations représentent les premières sources de données sur la population fournies et détaillées.

Le milieu rural a été saisi au 9/10ème alors que le milieu urbain à 45 %. En 1965, l'effectif de la population était estimé à 4.000.000 d'habitants.

En 1978 - 1979, la direction de la statistique a réalisé l'enquête démographique à passages répétés (EPR). Elle est inscrite dans le prolongement du recensement de 1975 et vise à une meilleure connaissance de la fécondité, la mortalité et la migration.

[8] INS RGPH 1975,1988,1998 et 2014.

Elle a également initié en 1980 - 1981[9] une enquête sur la fécondité dans le cadre de l'enquête mondiale de la fécondité.

En 1984-1985, un recensement des communes a été opéré en vue de l'établissement des listes électorales.

Des enquêtes nationales sur les conditions de vie des ménages pour mesurer le niveau de pauvreté entre autres, sont menées. La dernière en date est de 2016.

État civil

Il demeure encore une source de données très riche quoiqu'imparfaite au niveau de l'exhaustivité de la déclaration des naissances et décès. En 2002, la crise a abouti à la destruction systématique de ces documents dans la partie centre, nord et ouest (CNO) du pays, par la rébellion. Malgré la reconstitution des registres d'État civil en 2008 et 2009 lors de la sortie de crise, beaucoup reste à faire pour le rendre systématique, fiable et sécurisé. Le projet d'identifiant unique tarde à voir le jour.

Après 26 années d'indépendance, en 1986, et malgré les efforts entrepris en vue d'une meilleure connaissance des variables démographiques, il faut retenir que les actions allant dans le sens d'une production permanente de données sur la population méritent d'être renforcées. C'est d'ailleurs à ce titre que des moyens importants ont été dégagés en vue de réaliser le recensement général de la population en 1988 puis 1998 et 2014.

1.5. La population et sa structure

Avec 10.200.000 habitants estimés en 1985[10] et une superficie d'environ 322 400 km2, la Côte d'Ivoire a une densité de 32 habitants au kilomètre carré alors que celle de l'Afrique se situant à 17 hab./km^2.

---

[9] INS Enquête sur la fécondité

[10] INS, Mémento chiffré de la Côte d'Ivoire 1984-1985, Août 1986

Si cette densité reste relativement modeste, il faut noter que la Côte d'Ivoire a l'un des taux de croissance les plus élevés du continent, voire de la planète puisqu'il est estimé à 4,3 % selon les projections11, la population se situera à 12 560 000 habitants soit pratiquement un doublement entre 1975 et 1990.

En 1965, elle était estimée à 4 000 000 d'âmes, en 1975 à 6 709.000 en 1980 à 8 260 000 pour atteindre le cap de 10 000 000 en 1985.

Répartition par sexe et âge

La population comprend 52 % d'hommes soit un rapport de masculinité de 108 hommes pour 100 femmes. La population est très jeune comme c'est le cas en Afrique avec la répartition suivante par groupe d'âge et par année.

Tableau 2 : Structure par âge de la population de 1965 à 1985

Structure	**1965** %	**1975** %	**1985** %
Moins de 15 ans	46	45	43
15 à 59 ans	50	52	54
60 ans et plus	4	3	3
Total	**100**	**100**	**100**

Source : INS

Répartition selon la zone d'habitat

Une distinction très nette s'impose dans la répartition spatiale de la population. La population rurale est majoritaire, mais perd du terrain de plus en plus au détriment de milieu urbain, suite à une urbanisation très rapide.

[11] Idem

Ainsi, en 1965, l'on estimait à 75,5 % la population habitant le milieu rural, en 1975 à 68 %, en 1980 à 60 % et 1985 à 53 %. Les perspectives démographiques établies par la direction de la statistique indiquent que 45 % de la population vivra en milieu rural en 1990, ce qui montre bien le poids de plus en plus important de la zone urbaine dans les prochaines décennies comme zone de résidence des habitants en Côte d'Ivoire.

Abidjan, capitale économique, qui comptait 951 000 habitants en 1975 soient 14 % de la population est en 1985 peuplée de 2 500 000 habitants soient 25 % de la population et passera probablement à 3 976.000 âmes en 1990 soient 32 % de la population (près du 1/3). Le taux de croissance annuelle de la population urbaine est évalué à 8 % alors que pour la seule ville d'Abidjan à 9,6 % sur la période 1980-1985.

Répartition selon la nationalité

En 1965, 82,5 % de la population sont des ivoiriens, en 1975, ils représentent 78 %, en 1980, ils sont estimés à 75 % et en 1985 à 72 %. Cette situation indique qu'environ une personne sur 3 est non ivoirienne ce qui éclaire sur la politique d'ouverture sur l'extérieur de la Côte d'Ivoire et les retombées de la croissance économique des années 70. Les populations originaires de la sous-région dits de la CEDEAO sont les plus nombreuses, à savoir les burkinabés, les maliens, les guinéens et les ghanéens soit 34 % des africains vivant en Côte d'Ivoire. La population non africaine représente 4 % environ des non ivoiriens. En ce qui concerne leur répartition spatiale, ils sont 45 % en milieu rural et 55 % en zone urbaine dont 30 % pour la seule ville d'Abidjan.

1.6. Mouvement naturel

Natalité et fécondité

Le taux brut de natalité se situe à 48 ‰ selon l'EPR, alors que la fécondité cumulée à 50 ans est évaluée à 6,5 enfants par femme. C'est dans le groupe 20 – 50 ans que la fécondité maximale est atteinte.

L'Enquête ivoirienne sur la fécondité (EIF)[12] a permis de se faire une idée de la prévalence de la contraception (traditionnelle ou moderne). Ainsi, sur 100 femmes qui ont entendu parler de contraception 20 % sont informées des méthodes modernes, alors sur 100 femmes qui ont utilisé une méthode, seulement 3 % dans le cadre des dites méthodes modernes (pilule, stérilet etc.,).

Mortalité

La mortalité a amorcé une baisse sensible depuis 1965. Estimé à 28 ‰ en 1965, le taux brut de mortalité est évalué 1978 à 17‰. L'espérance de vie à la naissance est passée de 35 ans en 1962 à 49 ans en 1978.

1.7. Migrations et croissance

Les migrations

Le paragraphe sur la répartition de la population par nationalité permet de faire le pas vers les problèmes de migration. La Côte d'Ivoire rappelons-le est un pays à forte migration. En 1978, selon l'enquête démographique à passages répétés (EPR)[13], 33,5 % de la population totale provenait de la migration. Ces migrations sont essentiellement d'origine extérieure à destination de la Côte e d'Ivoire et de l'exode rural au niveau interne.

La croissance

Le taux de croissance naturelle est en définitive évalué à 31‰. Le solde migratoire extérieur est estimé à 12‰ ou +1,2% soit une croissance démographique relativement élevée de 43‰ c'est-à-dire 4,3 %.

1.8. Croissance démographique, développement et ressources humaines

En 1989, le gouvernement conscient des liens entre le développement et les ressources humaines avec l'appui de la Banque

[12] INS : Enquête ivoirienne de fécondité 1978
[13] INS : l'Enquête démographique à passages répétés 1978

mondiale va organiser un atelier[14] du 25 au 28 avril de ladite année et produire des conclusions pour faire un diagnostic dans le domaine et des solutions face à une crise économique qui frappait la demande sociale. A l'issue de cet atelier, un Programme de valorisation des ressources humaines (PVRH) sera conçu pour réformer ce vaste secteur qui comprend : l'éducation, la santé, l'emploi, l'habitat notamment le logement, l'accès à l'électricité et à l'eau. Un Comité de suivi sera mis en place pour finaliser le rapport et proposer le PVRH. Ce Comité comprend les personnalités ci-après, pour mémoire[15].

1.9. Ressources humaines et emploi

L'emploi faisant parti des ressources humaines et elles-mêmes étant l'émanation des populations, il a été noté que la crise économique vécue depuis 1981 a réduit les opportunités de création d'emplois donc a fragilisé le marché du travail, avec une population jeune qui croit très vite. La conséquence étant l'accroissement du chômage.

Le niveau de chômage touchait 605000 personnes en 1985 avec une structure de l'emploi dont la primauté est au secteur agricole, puis un faible secteur moderne mais un gonflement du secteur informel refuge des sous employés. Dans cette perspective plus large et plus globale, les ressources humaines apparaissent comme le carrefour de toutes les politiques, parce qu'elles traitent de la place de l'homme,

---

[14] Banque Mondiale, Atelier sur la valorisation des ressources humaines, avril 1989

[15]M. COULIBALY Pannan, Directeur de la Planification et de la Programmation (Ministère de l'Education Nationale), Président ; M. FLINDE Albert, Sous-directeur de la Planification Sociale et Culturelle (Ministère de l'Industrie et du Plan), Rapporteur ; Il sera appelé à Coordonner le PVRH ;Mme GOUDIAMY Aminata, Directrice de la Protection et de la Promotion Sociales (Ministère des Affaires Sociales) ; M. BAH Souleymane, Directeur de l'Institut pédagogique National de l'Enseignement Technique Professionnel (Ministère de l'Enseignement Technique et de la Formation Professionnelle) ;M. KOFFI Koffi Paul, Directeur de l'Emploi (Ministère du Travail) ; M. COUILLAUD Michel, Economiste (Direction et Contrôle des Grands Travaux) ;M. SYLLA Lassana, Chargé du Secteur de l'Éducation à la Direction des Investissements Publics (Ministère du Budget).

acteur et bénéficiaire du développement. Il ressort la nécessité d'intégrer les deux approches du développement des ressources humaines, et de dépasser l'analyse sectorielle qui donne l'assise d'une problématique intégrée en Côte d'ivoire, objectif de l'exercice amorcé par l'atelier.

II. CADRE INSTITUTIONNEL, CONCEPTS ET DEFINITIONS

Il s'agit, de passer en revue l'organisation de la gestion des problèmes d'emplois notamment le département en charge de la question, puis de parcourir les concepts et définitions relatifs à l'emploi[16].

2.1. Cadre institutionnel

2.1.1. Cadre général

Le ministère du travail et de l'ivoirisation des cadres (MTIC) a en charge les prérogatives gouvernementales en matière de travail, d'emploi et d'ivoirisation des cadres[17] (décret n°78-875 du 13 octobre 1978).

En 1987, le ministère du travail et de l'ivoirisation des cadres (MTIC) devient tout simplement ministère du travail, sans changement majeur jusqu'en 1990 à l'avènement du Premier ministre Alassane Ouattara. Le ministre Albert Vanié bi Tra quitte le gouvernement, après plus de 20 ans de fonction à ce poste sans interruption, sans doute l'une des plus longues longévités ministérielles en Côte d'Ivoire. Il sera remplacé par le ministre Patrice Kouamé ex-directeur général de la Banque nationale pour le développement agricole (BNDA) en 1990. Rappelons que celui-ci venait de présider, bien avant son arrivée au ministère de l'emploi, la commission nationale sur le retour des jeunes à la terre dont j'en étais le secrétaire et ceci en notre qualité de directeur de l'emploi.

Le MTIC se préoccupe des politiques et actions nationales dans les domaines précités tant au niveau de leur élaboration que de leur mise en œuvre, ainsi que du suivi. Pour y parvenir, le MTIC a mis en place des structures avec des hommes et des moyens qui sont restés limités au cours de l'actuel quinquennat.

---

[16]Direction de l'Emploi, Bilan et perspectives de l'Emploi
[17] MTIC, décret n°78-875 du 13 Octobre 1978.

2.1.2. Evolution des structures

Le réaménagement gouvernemental intervenu en novembre 1983 a entrainé une refonte des structures du MTIC[18].

2.1.2.1. Au niveau du cabinet

Le cabinet comprend :

- le directeur de cabinet,
- le chef de cabinet,
- les conseillers techniques,
- le chargé de mission,
- le chef du protocole,
- le chef du secrétariat particulier.

Sont rattachés au cabinet :

- L'Inspecteur général des services du travail et de l'emploi qui a en charge des missions spécifiques ;
- Le Service autonome de la médecine du travail (SAMT) qui est chargé de veiller à l'application de la législation relative à l'hygiène et la protection de la santé des travailleurs ;
- Le Service autonome de l'inspection du travail d'Abidjan (SAITA) qui coordonne les activités d'inspection du travail d'Abidjan notamment l'application des textes du Code du travail, le règlement des conflits etc.

2.1.2.2. Au niveau des directions techniques

La direction du travail

Elle s'intéresse au cadre légal et aux conditions d'exercice de l'activité (code de travail, conventions collectives, salaire etc. et elle comprend :

- la Sous-direction de la règlementation et des relations internationales au travail ;

---

[18] MTIC, décret n° 84-108 du 22 Février 1984.

- la Sous-direction des relations professionnelles et des salaires.

La direction de l'emploi

Elle a en charge l'élaboration, le contrôle et l'évaluation de la politique nationale de l'emploi et dispose de deux sous- directions :
- la Sous-direction des statistiques, études et recherches sur l'emploi ;
- la Sous-direction de la planification des ressources humaines, des programmes d'emploi et d'ivoirisation.

L'Office de la main-d'œuvre de Côte d'Ivoire (OMOCI)

Etablissement public à caractère administratif, il est sous tutelle du MTIC et s'occupe de la gestion du marché de l'emploi essentiellement, et dorénavant de l'exécution de la politique d'ivoirisation qui était dévolue à l'ex Service autonome de l'ivoirisation de l'emploi.

A ces services, il faut ajouter :
- la direction administrative et financière (DAAF) que l'on retrouve dans chaque département ministériel ;
- les directions régionales appelées Direction Régionale du Travail et de L'Emploi (DRTE).

2.1.3. Les services de l'emploi

La question de l'embauche est l'occasion de présenter les services de l'emploi du ministère du travail.

Deux préoccupations essentielles sont celles du ministère du travail :
- les politiques de l'emploi, l'ivoirisation et le placement ;
- les conditions et la règlementation du travail.

Les services de l'emploi qui sont la direction de l'emploi et l'Office de la Main-d'œuvre de Côte d'Ivoire (OMOCI) et au niveau régional les directions régionales du travail et de l'emploi sont chargés du deuxième volet.

La direction de l'emploi

Elle est chargée de la conception et de la mise en œuvre de la politique nationale de l'emploi en coordination avec les autres départements techniques et les partenaires sociaux. Ses activités sont orientées dans trois axes :

Système d'information sur le marché du travail :

Il s'agit de la collecte, de l'exploitation et la diffusion des données sur la main-d'œuvre, donc préoccupation d'ordre statistique.

Etudes et recherches sur l'emploi :

Il s'agit de concevoir et réaliser des études et recherches visant à décrire l'emploi, mettre en évidence les distorsions et proposer des solutions aux problèmes.

Planification, programmation et ivoirisation :

Il s'agit de concevoir et mettre en œuvre des stratégies et des politiques sur la base des études, d'assurer la programmation sectorielle de l'emploi avec les autres partenaires ; la conception de la politique d'ivoirisation est un aspect particulier de la politique de l'emploi.

Elle a un personnel de formation pluridisciplinaire : administrateurs ou attachés du travail, statisticiens, économistes, sociologues, juristes, etc. de haut niveau qui mènent des réflexions en permanence dont les résultats peuvent être consultés auprès du service de documentations. En 1990, la direction de l'emploi compte 47 agents dont 25 cadres.

L'Office de la main-d'œuvre de Côte d'Ivoire (OMOCI)

Cet établissement public national à caractère administratif a été créé en 1955. Sa mission principale est de gérer le marché de l'emploi à savoir :

- enregistrement des demandes et offres d'emploi ;
- mise en relation et placement.

Il est également chargé de viser les contrats d'expatriés en vue de leur emploi en Côte d'Ivoire et statue sur les contrats d'apprentissage.

L'OMOCI réuni les informations sur le marché de l'emploi et en assure la diffusion. Par ailleurs, avec la réorganisation intervenue depuis 1981, l'OMOCI conçoit et réalise des tests de sélection pour les candidats qui doivent être recrutés par les employeurs.

Enfin, l'OMOCI a en charge l'élaboration du répertoire ivoirien des métiers et emplois (RIOME) avec les partenaires gouvernementaux et sociaux (employeurs /travailleurs et l'exécution de la politique d'ivoirisation.

L'action de l'OMOCI couvre essentiellement le secteur moderne privé et parapublic. Pour réaliser sa mission, l'OMOCI s'est dotée de la structure suivante :

- une S/direction technique ;
- une S/direction des opérations de promotion de l'emploi ;
- une S/direction des études, statistiques et documentation ;
- une S/direction de la sélection et l'orientation professionnelle ;
- une S/direction de la coordination ;
- une S/direction des affaires administratives et financières.

L'OMOCI dispose également d'antennes locales spécialisées ou régionales dont celles des cadres et maîtrises : Adjamé avec deux sections (féminin et enseignement technique) Treichville, Abobo Gare et dans un avenir proche Yopougon.

L'Office de la main-d'œuvre a des moyens techniques importants quoiqu'encore insuffisants pour réaliser ses objectifs :

- prospecteurs munis d'équipement radio pour décrocher des offres auprès des entreprises ;
- informatisation des fichiers demandes et offres d'emploi.

2.1.4. Synthèse

Ce qu'il faut retenir c'est :

- l'existence de deux préoccupations essentielles au sein du MTIC, l'emploi avec la direction de l'emploi et l'OMOCI puis le travail avec la direction du travail, le SAMT et le SAITA les DRTE s'intéressent aux deux éléments.
- le renforcement de l'équipe du cabinet et le souci de coordination avec l'existence d'un inspecteur général, et de 4 conseillers techniques ;
- la volonté de répondre au souci de recentrage des activités et diminution des services avec la dissolution du SAIE et de la DCSR (1) ;
- le renforcement des structures des services de l'emploi notamment l'OMOCI avec dorénavant la prise en charge de l'exécution de la politique d'ivoirisation, et la direction de l'emploi pour la conception. Cette même direction voit en son sein se développer un service d'études et la mise en place d'une cellule de planification.

2.1.5. Les hommes

Avoisinant les 1.300 fonctionnaires et agents de l'Etat en 1975, l'effectif du ministère du travail est tombé brutalement à 250 hommes environ en 1976, après la séparation des affaires sociales. En 1979, cet effectif passait à 320. Sur ce chiffre, le personnel technique, inspecteurs, attachés et contrôleurs du travail ne représente qu'à peine la moitié soit 160, chiffre resté constant du fait de la désertion des corps constatée d'année en année. Dès lors l'augmentation de l'effectif ne se situe qu'au niveau des personnels interministériels (commis, dactylos, chauffeurs etc.)

L'effectif du MTIC est passé de 320 agents à 401 de 1980 à 1984. Il est concentré sur l'administration du travail avec plus de 65 % alors que l'administration de l'emploi avoisine 9 %. Cette situation provient du fait que le personnel technique de l'administration de l'emploi est composé d'administrateurs du travail, de statisticiens ou de chargés d'études de formation universitaire qui se trouvent au niveau de l'administration en général plus concentrés dans les ministères à vocation économique ou alors s'oriente vers le secteur privé où le niveau de la rémunération est plus élevé :

1. SAIE : Service Autonome de l'Ivoirisation de l'Emploi
2. DCSR : Direction Centrale des Services Régionaux
3. DT : Direction du Travail

En contact permanent avec le marché du travail, les techniciens du ministère du travail ont, dans l'exercice de leur profession, l'occasion d'analyser les différents niveaux de salaires et de constater que dans le privé, à niveau égal, les salaires versés sont si intéressants qu'ils constituent un appât auxquels les jeunes résistent difficilement. Par ailleurs, leur formation permet aisément leur insertion dans le secteur privé. Le ministère du travail et de l'ivoirisation des cadres n'est plus qu'une" boite à lettre" où ils transitent après leur formation à l'Ecole nationale d'administration (ENA).

A titre d'exemple, un inspecteur du travail débutant à l'indice 605 perçoit un salaire brut de 153.985 FCFA duquel il faut prélever de 10 à 12 % d'impôts et taxes divers.

A l'opposé, ce jeune fonctionnaire constatera dans le privé qu'un travailleur de même niveau perçoit, sans exagération, de 400.000 FCFA à 800.000 FCFA au prix 1985, auxquels il faut ajouter les avantages en nature logement, eau, électricité véhicule, domestique gratification etc. La situation sur le terrain, hors personnel d'appui, se présente en 1984 comme suit :

Tableau 3 : Situation du personnel du corps de l'administration du travail en 1984

Corps	Total général	Démissions	En activité	Au MTIC	A l'OMOCI
Inspecteurs	39	8	31	28	3
Attachés	55	18	37	22	15
Contrôleurs	69	20	49	36	13
Total	**163**	**46**	**117**	**86**	**31**

Source : MTIC 1984

Depuis quelques années, le recrutement des effectifs est bloqué faute de crédits budgétaires y afférant. A l'ENA, il a été décidé faute d'emplois et de postes, la formation de ce personnel sensé servir au MTIC en priorité. Les élèves de l'ENA préfèrent alors les autres filières à débouchés ouverts. Les autres en poste ont souvent préféré se faire embaucher par le secteur privé dans les DRH.

A la lumière de ce qui précède, la situation professionnelle et les conditions de travail de ces fonctionnaires, piliers de la paix sociale a toujours été un problème notamment le risque pour eux d'exercer leurs missions d'inspections ou de contrôles dans des entreprises plus nanties où il faut parfois statuer sur les libertés syndicales, les décisions de licenciements, La situation des conditions de travail n'a pas beaucoup changé pour eux plusieurs années après les indépendances. D'ailleurs à l'ENA très peu d'administrateurs, d'attachés ou de contrôleurs s'aventurent dans l'option travail par rapport aux finances par exemple.

Répliquer que ces fonctionnaires peuvent être maintenus d'autorité à leur poste mais cela ne serait-il pas certain que les services en souffriraient par la qualité du travail et la disponibilité des animateurs !

Néanmoins, un effort de recrutement de statisticiens et de diplômés d'université notamment de licence ou de maîtrise pour en faire des chargés d'études est entrepris au milieu des années 80, mais celui-ci doit être poursuivi pour que l'administration de l'emploi notamment la direction de l'emploi puisse répondre aux exigences du moment, de même que l'OMOCI où se pose le problème du maintien des prospecteurs.

La contrainte de limitation des recrutements dans la Fonction publique a pesé lourdement sur la production des services de l'emploi et de compromis la mise en œuvre d'une meilleure politique de l'emploi.
Le nombre limité de médecins-inspecteurs (02) et de techniciens d'inspection médicale est aussi un handicap sérieux pour un meilleur suivi des normes de conditions de travail dans les entreprises. Un effort doit donc être entrepris également à ce niveau.

En définitive, il faut remarquer que la situation des hommes reste liée à la grille de rémunération dans l'administration.

2.1.6. Les moyens

Budget de fonctionnement

L'évolution du budget de fonctionnement non compris les dépenses en personnel qui en représentent 75 % environ, indique une stagnation des moyens du ministère du travail et de l'ivoirisation des cadres, voire une diminution en termes réels depuis 1980.

Si l'on regarde la répartition par service l'on s'aperçoit que l'administration de l'emploi bénéficie de 12 % environ des ressources contre 60 % pour les services du travail ce qui correspond à la même répartition des hommes.

L'on retient que l'ensemble des moyens du ministère du travail et de l'ivoirisation des cadres sont concentrés vers les activités d'Inspection malgré l'effort exceptionnel de réorganisation des services de l'emploi entrepris depuis ces trois dernières années dans le cadre du projet BIT (IVC/80/A02).

L'inspection médicale souffre de la carence de matériel technique et roulant (pas de véhicule d'inspection) et de la promiscuité des locaux.

Les inspections du travail connaissent ce même problème qui limite leurs investigations.

La direction de l'emploi ne peut dans la situation du moment tenter de réaliser une enquête sur le terrain même de type conjoncturelle. Le micro-ordinateur en place acquis depuis 1980 est saturé et de capacité très limitée.

L'OMOCI vit également des difficultés matérielles et financières. Le projet BIT après son exécution n'a pas connu de suivi et contraint ainsi au maintien de l'acquis sans plus.

En dehors des idées, la mise en œuvre de politique, de programme d'emploi est compromise faute de moyens.

La crise de l'emploi devrait inciter davantage une réallocation des ressources au niveau de la nation.

Depuis plusieurs années l'inexistence de crédit d'équipement n'a pas permis l'acquisition de nouveau mobilier ou matériel de bureau. Ainsi, les fonctionnaires que l'ENA a formés et mis à la disposition du MTIC au rythme moyen de 7 par an se trouvent sans bureau ou travaillent avec du mobilier de fortune. Le budget du MTIC avoisine 0,16% du budget général de l'Etat comme l'indique le tableau ci-après :

Tableau 4 : Budget de fonctionnement (BGF) du MTIC 1980-1984.

Année	BGF en millions FCFA	Budget MTIC en millions FCFA	%
1980	338 400	783,316	0,14
1981	376 000	663,670	0,17
1982	420 700	769,490	0,18
1983	435 250	607,145	0,13
1984	428 850	935,300	0,21

Source : DAAF du MTIC

Le département compte désormais 73 véhicules dont l'âge moyen est de six ans. Bons pour la réforme, leur entretien absorbe l'essentiel du budget de fonctionnement des directions régionales du travail et de l'emploi. A Abidjan, faute de réparations ils sont sous cale pour la plupart.

Investissement

Le département du travail et de l'ivoirisation des cadres a connu au cours de ces années, une situation toute particulière au plan des investissements.

N'ayant bénéficié que d'un léger financement additionnel nouveau depuis 1980, en l'absence d'un chômage élevé, il a fallu attendre 1984, à la persistance de la crise pour voir mener des projets de promotion de l'emploi, avec malgré tout, des ressources insuffisantes.

En définitive, sur le cadre général, il faut noter que la séparation du département du travail et celui des affaires sociales n'a pas été bénéfique à la recherche d'une synergie au niveau national et de leur mise en œuvre, d'actions vers le monde du travail dans la mesure où le MTIC se trouve très limité dans ses moyens et donc dans la marge de manœuvre dans une période de crise de l'emploi.

Les structures existent mais elles sont à finaliser par la mise à disposition de moyens humains et matériels pour répondre aux exigences présentes au risque de voir compromettre la paix sociale nécessaire au développement.

2.2. Concepts et définitions

2.2.1. Population active, emploi, chômage et sous-emploi

La population active

Suite aux nombreuses critiques formulées contre les recommandations du Bureau international du travail (BIT) en matière de population active, emploi, chômage et sous-emploi, une révision des concepts a été entreprise à la treizième conférence internationale des statisticiens du travail (Genève, octobre 1982)[19] en vue de tenir compte des spécificités des pays, notamment en développement.

---

[19] BIT : nomenclature des emplois issue de la 13ème conférence internationale des statisticiens du travail d'octobre 1982

Ainsi, la population active comprend toutes les personnes des deux sexes qui fournissent la main-d'œuvre disponible au cours d'une période de référence spécifiée (semaine, mois, année, etc.) pour la production de biens et services au sens de la comptabilité nationale, que celle-ci soit destinée au marché, au troc, à l'autoconsommation ou à la satisfaction de besoins précis.

La population active se compose par conséquent de toutes les personnes ayant atteint ou dépassé l'âge spécifique d'entrée en activité (15 ans en Côte d'Ivoire) pourvues d'un emploi (occupées) ou au chômage. La population active du moment est appelée la main-d'œuvre. On parle aussi de population active marginale.
Le problème que pose ce concept se situe au niveau de l'âge spécifique d'activité. A cet effet, la recommandation est ouverte, laissant à chaque pays le soin de préciser l'âge de début ou de sortie d'activité, conformément à ses réalités socio-économiques et juridiques.

En Côte d'Ivoire, l'âge minimum est de 15 ans (article 104 du Code du travail), alors que celui de la retraite se situe à 55 ans à cette époque, jusqu'en 2012. Des aménagements sont intervenus au niveau de la retraite, et la fonction publique a prorogé l'âge de certains corps à 60 ans, voire 65 ans, tout comme le secteur privé à 60 ans.

En milieu rural ou dans le secteur informel, des jeunes de moins de 15 ans ou des personnes âgées de plus de 55 ans, 60 ans et même 65 ans et plus sont en activité dans des entreprises familiales ou individuelles.
Qu'elle est donc la tranche d'âge active ? 15-65 ans pour éviter le travail des enfants par exemple, et des personnes trop âgées.

Une autre difficulté réside dans le contenu du terme actif. C'est la situation des ménagères. Par exemple, en milieu rural, les femmes qu'on qualifie de ménagères ont en réalité une activité productive agricole. En milieu urbain, de nombreuses femmes dites ménagères exercent en réalité dans le secteur informel. Nombreuses ont des étales dans les marchés du quartier ou devant leur domicile ou sur les trottoirs. Ainsi, les statistiques qui sont publiées par les organes officiels de main-d'œuvre ou des organisations internationales sont biaisées et donnent des faibles taux d'activité ou de chômage.

L'emploi

Les personnes pourvues d'un emploi comprennent tous les individus des deux sexes d'âge actif qui, durant la période de référence spécifiée, étaient en situation d'emploi salarié ou non salarié.

Les personnes ayant un emploi salarié sont celles qui, durant la période de référence, ont effectué un travail moyennant un salaire ou un traitement, en espèces ou en nature, ou qui étaient absentes pour des circonstances liées audit emploi (maladie, accident, congé, conflit, grève, chômage technique, etc.).

L'emploi non salarié comprend les individus qui, durant ladite période de référence, ont effectué un travail en contrepartie d'un bénéfice ou d'un gain familial en espèces ou en nature, ou ceux ayant le statut d'employeur (possédant une entreprise industrielle, commerciale ou de services, une exploitation agricole), de travailleurs indépendants, de membres de coopératives ou d'aides familiaux.

Le chômage

Les chômeurs sont toutes les personnes d'âge actif qui, au cours de la période de référence sont :

i. sans travail, c'est-à-dire non pourvues d'un emploi salarié, ou d'un emploi non salarié ;
ii. disponibles pour travailler dans un emploi salarié ou non salarié ;
iii. à la recherche d'un travail, c'est-à-dire ayant pris des dispositions spécifiques pour chercher un emploi salarié ou non salarié comme, par exemple, inscription à un bureau de placement public (OMOCI) ou privé, candidatures auprès d'employeurs, démarches sur les lieux de travail, recherches par relations personnelles, dispositions pour créer une

entreprise (terrain, immeubles, machines, ressources financières, etc.).

Les "sans travail" sont les individus ayant travaillé et qui ont perdu leur emploi ou ceux qui sont à la recherche d'un premier emploi salarié ou non salarié.

Le troisième critère étant difficile à apprécier compte tenu du niveau d'organisation du marché du travail, la définition du chômage peut être utilisée sans faire mention de ce point. Cette possibilité ouverte par le BIT est très importante puisqu'elle n'autorise, selon les cas à considérer, comme chômeurs que ceux qui sont sans travail et disponibles pour en assumer (salariés ou non), s'ils étaient sollicités. Dans ces conditions, le passage à un bureau de placement n'est pas statistiquement nécessaire. D'autre part, le chômeur ne se limite pas uniquement à celui qui a perdu son emploi, comme il est dit communément.

2.2.2. La population inactive

Elle comprend toutes les personnes des deux sexes qui, indépendamment de leur âge, n'appartiennent pas à la main-d'œuvre, c'est-à-dire qui n'ont pas d'emploi ou ne sont pas en chômage durant la période de référence (élèves et étudiants, retraités, rentiers, "ménagères", etc.). Evidemment, la position de ménagère dans les pays en développement à dominance rurale et informelle pose des problèmes.

2.2.3. Le sous-emploi

Tout comme le chômage, il menace la population active en Afrique, notamment en milieu rural et dans le secteur informel urbain, et l'on pense que 55 pour cent de la population active africaine est sous-employée. Il existe, lorsque l'emploi d'une personne est insuffisant par rapport aux normes établies du travail ou à un autre emploi.

On distingue deux formes de sous-emploi : le sous-emploi visible et le sous-emploi invisible. Il y a sous-emploi visible lorsque la personne pourvue d'un emploi, salarié ou non, travaille en dessous de la durée normale du travail dans son activité, et qui serait disponible pour occuper ou exercer un travail supplémentaire. Le sous-emploi invisible est un concept analytique ; il traduit la mauvaise utilisation de la main-d'œuvre, une sous-utilisation des compétences ou la faible productivité du facteur travail. Par exemple un Ingénieur ou un Médecin qui est chauffeur de taxi est sous utilisé, ou un diplômé 3ème cycle d'université qui tient une cabine téléphonique.

2.2.4. La segmentation du marché du travail

En Côte d'Ivoire, comme dans les pays en développement, le marché du travail connaît trois composantes : le secteur moderne, le secteur agricole traditionnel, le secteur informel[20].

2.2.4.1. Le secteur moderne

Il comprend l'ensemble des activités où le lien salarial est ferme et met en présence un employeur et des travailleurs dont les emplois nécessitent des qualifications précises. Il regroupe le secteur privé (grandes entreprises et PME), le parapublic (sociétés d'économie mixte, sociétés d'Etat) et l'administration (fonction publique et établissements publics nationaux). Ce secteur est régi par le Code du travail, d'une part, et le statut de la fonction publique, d'autre part. En 1985, il regorge d'environ 405.000 travailleurs, soit 8 pour cent de la population active. L'administration, à elle seule, absorbe 25 pour cent des emplois du secteur moderne.

Le rythme de croissance varie avec le temps et le secteur d'activité économique. Si l'emploi moderne a connu un essor remarquable au cours de la décennie 1970 -1980 avec un taux de croissance moyen de l'ordre de 7 % par an, le volume d'emplois disponibles est en baisse depuis l'année 1980, de l'ordre de 3 % par an entre 1980 et 1983.

Ainsi, plus de 60.000 salariés ont perdu leur emploi entre 1979 et 1985, selon la direction de l'emploi, soit 300.000 personnes dont le

[20] Paul Koffi Koffi Situation de l'emploi en Côte d'Ivoire Séminaire sur le Secteur informel en Côte d'Ivoire 1987

revenu et la survie sont menacés si l'on considère qu'un salarié fait vivre cinq personnes en moyenne. Le nombre de chômeurs est estimé à 605.000 personnes en 1985, soit 11 pour cent de la population active[21].

2.2.4.2. Le secteur agricole traditionnel

Il comprend les activités agricoles ou agro-pastorales exploitées de façon traditionnelle, de petite taille, où la cellule de production se confond avec la cellule familiale. Essentiellement, en milieu rural, il occupe en 1985 près de 3.500.000 actifs, soit 65 pour cent de la population active[22].

Ce secteur, peu touché par la crise, dispose d'un volume d'emplois en augmentation régulière entre 1980 et 1983 à raison de 3,4 % par an, en lien avec la croissance démographique du milieu rural. La particularité de ce secteur est la pénurie de main-d'œuvre due essentiellement à l'exode rural des jeunes. La problématique dans ce secteur est plutôt la recherche des voies et moyens pour maintenir la jeunesse et l'intéresser aux emplois agricoles.

Dans ce secteur, la production à faible intensité capitalistique est réalisée dans des unités familiales où toute la population active trouve sa place. Les notions d'offre, de demande d'emploi rémunéré n'ont point de sens ainsi que le concept de chômage. Il faut plutôt raisonner en termes de sous-emploi ou de suremploi. La notion de productivité n'est point perceptible comme dans l'économie moderne. Dans ce secteur où la qualification professionnelle est difficile à évaluer, les mouvements migratoires (migration interne) et l'exode rural des jeunes sont beaucoup observés.

2.2.4.3. Le secteur informel

Secteur de transition entre le traditionnel et le moderne, l'emploi informel connaît une croissance remarquable entre 1980 et 1983 passant de 485.000 emplois en 1980 à 578.000 en 1983, soit un taux

[21] Annexe
[22] Annexe

d'accroissement de l'ordre de 6 % par an[23].Il est une soupape de sécurité pour l'emploi fait souvent de précarité et de sous-emploi, voire de faibles rémunérations qui ne sont pas forcément salariales.

Face à la situation du marché de l'emploi moderne, ce secteur pourrait connaître un développement rapide dans les années à venir pourvu que les moyens soient mis à la disposition des jeunes demandeurs d'emplois.

Dans ce secteur où l'organisation de la production est variée et souple, les deux formes d'emplois (emploi rémunéré ou emploi non rémunéré) coexistent. La production à faible intensité capitalistique, la faiblesse du taux de rémunération et la formation sur le tas, sont les caractéristiques essentielles de l'emploi informel, plus accessible, mais où coexistent le chômage et le sous-emploi sous des formes variées :

[23] Annexe

BILAN DE L'EMPLOI

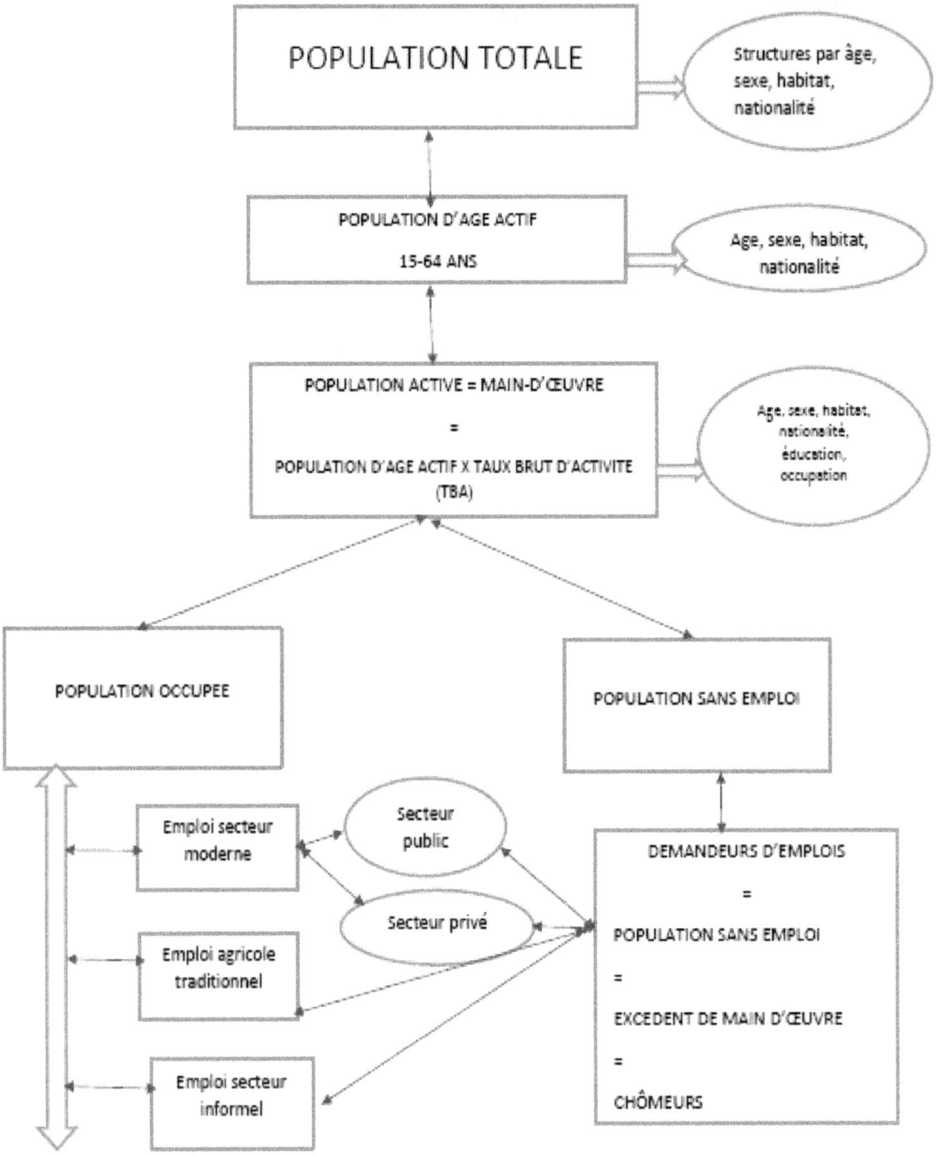

MARCHE DU TRAVAIL

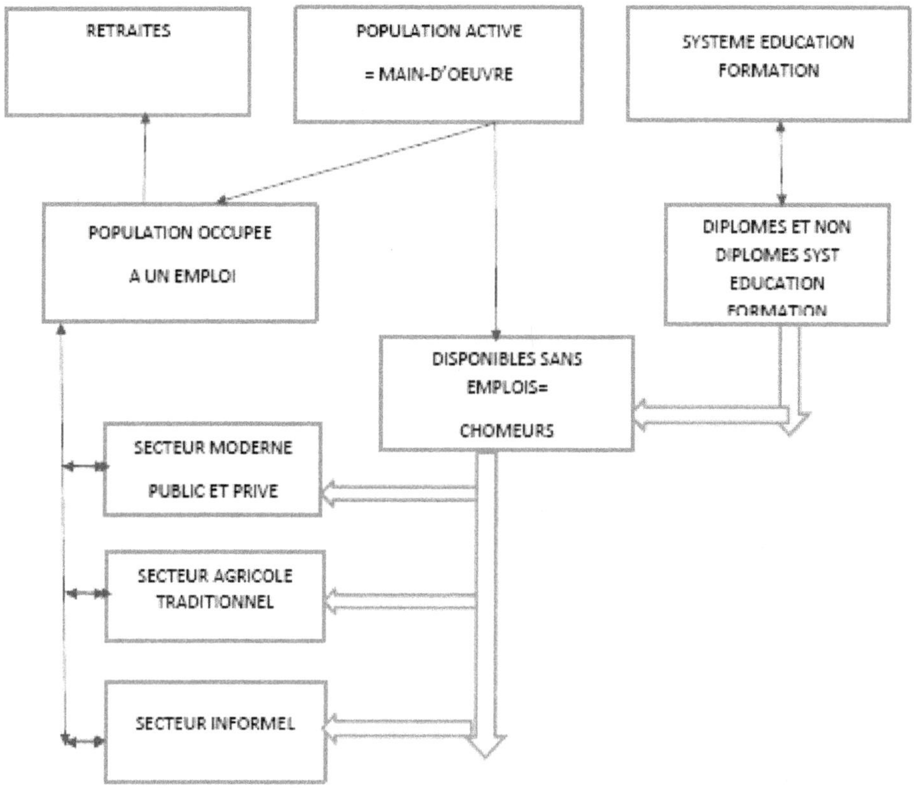

III. SITUATION DE L'EMPLOI EN CÔTE D'IVOIRE

3.1. Structure de l'emploi

L'emploi se décompose en trois secteurs :

- ✓ Le secteur moderne ;
- ✓ Le secteur agricole traditionnel ;
- ✓ Et le secteur informel.

Tableau 5 : Structure de l'emploi en Côte d'Ivoire :1980-1990

Bilan de l'emploi en millier de personnes	1980	TCM	1985	TCM	1990
1. pop active	4497	0,04	5380	0,04	6553
2. pop. occupée	4314	0,02	4775	0,03	5526
Dont : 2.1 agricult. trad.	3125	0,02	3460	0,03	3900
2.2 emploi moderne	470	-0,03	405	0,01	426
2.3 emploi informel	719	0,05	910	0,06	1200
3. excédent main-d'œuvre =1-2	183	0,46	605	0,14	1027
Taux chômage =3/1	0,04	0,35	0,11	0,08	0,16

Source : direction de l'emploi TCM : taux de croissance moyen annuel

Figure 6 : structure de l'emploi en 1990

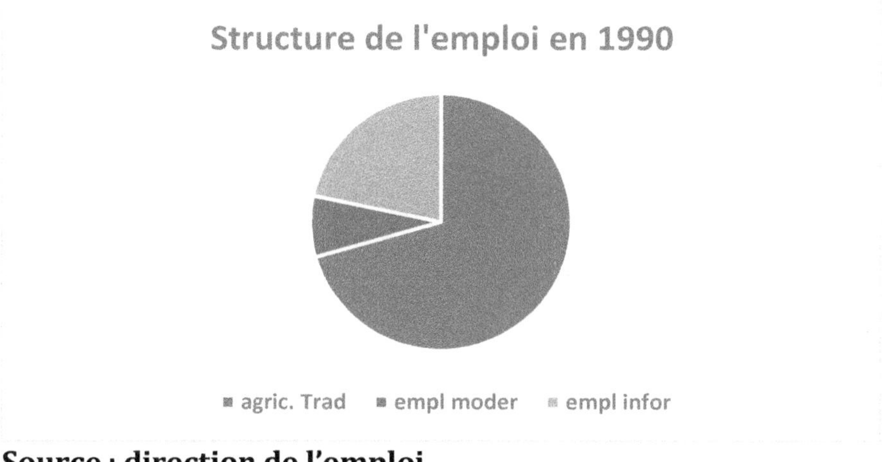

Source : direction de l'emploi

Le tableau 5 et la figure 6 montrent que sur 100 emplois en 1990, la structure de l'emploi se présente comme suit :

- Le secteur moderne : 8%
- Le secteur agricole traditionnel : 70%
- Le secteur informel : 22%

Figure 7 : Evolution et structure de la population active par secteur d'emploi 1980-1990

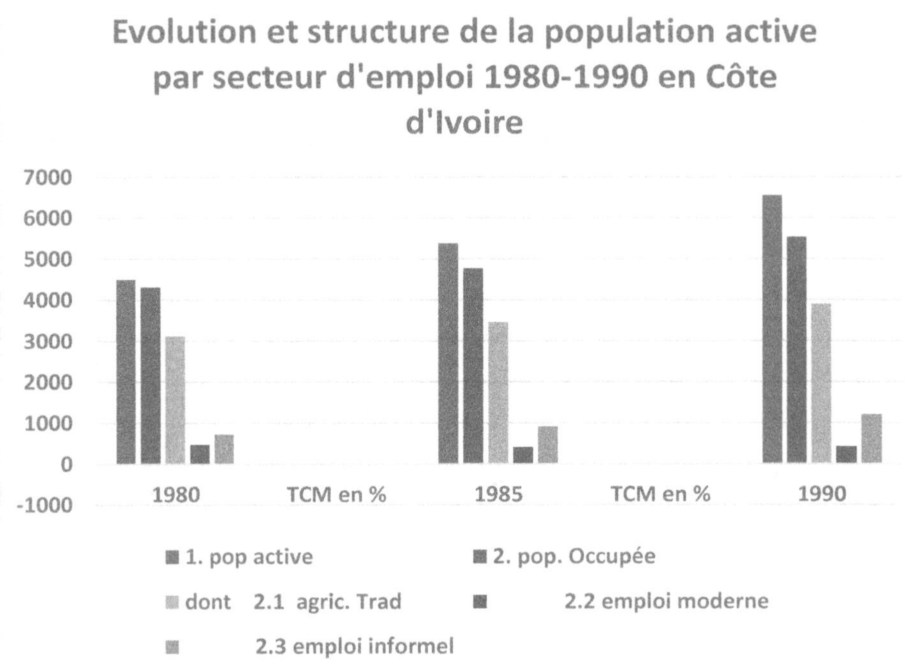

Source : direction de l'emploi

Figure 8: Evolution du taux de chômage 1980-1990

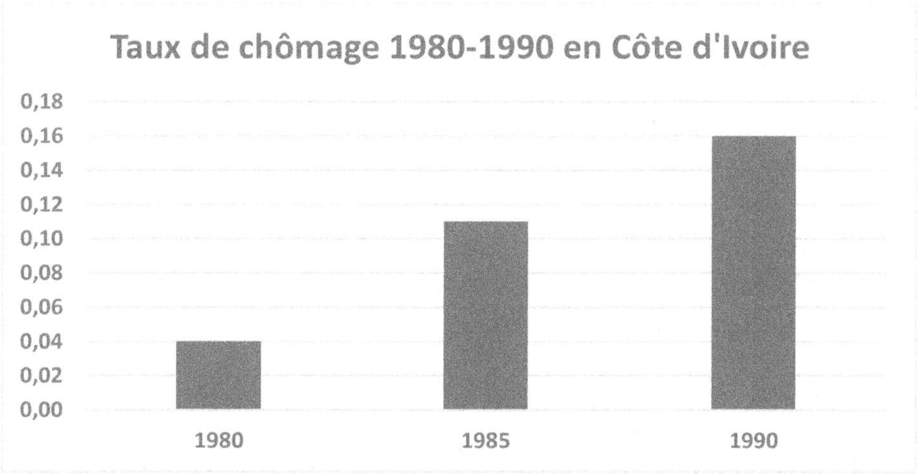

Source : direction de l'emploi

Les tableaux, graphiques et figures sur l'emploi en Côte d'Ivoire au cours de la décennie 1980-1990 montrent que l'emploi est d'abord agricole traditionnel à 70%, le secteur moderne est encore faible avec 8% et un reste de la main-d'œuvre qui exerce dans l'informel avec 22%. Ce secteur d'ailleurs absorbe le chômage et le sous-emploi urbain. L'excédent de main d'œuvre qui représente le taux de chômage est estimé à 4% en 1980 pour se retrouver à 16% en 1990 suite à la crise économique qui a entraîné nombreuses compressions de travailleurs et n'a pas permis d'accroitre les opportunités d'emplois.

3.2. Situation de l'emploi

Si on analyse le tableau I.1 en annexe, portant sur le bilan de l'emploi global[24], on note qu'en 1975, sur 100 actifs, 98 ont une occupation (emploi salarié ou non), dont 75 dans le secteur agricole traditionnel, 9 dans le secteur moderne, 14 dans l'informel, et 2 étaient au chômage[25].

---

[24] Annexes : Tableaux sur la situation de l'emploi.

[25] Paul Koffi Koffi, Situation de l'emploi en Côte d'Ivoire Séminaire sur le Secteur informel

En 1980, avec le boom économique entre la période 1975-1979, sur 100 actifs, 69 sont dans le secteur agricole traditionnel, 10 dans le secteur moderne, 16 dans le secteur informel ; mais l'on constate l'apparition du chômage avec 4 pour cent des actifs encore acceptables. Nous sommes en début de crise.

En 1985, nous sommes en pleine crise, le secteur moderne chute et, sur 100 actifs, il n'absorbe plus que 8 personnes, alors que le secteur informel occupe 17 d'entre eux, le secteur agricole traditionnel perd du terrain pour se situer à 64 actifs. Le chômage voit son niveau croître avec onze (11) pour cent des actifs.

En 1990, sur 100 actifs, le secteur agricole traditionnel n'occupera que 59 d'entre eux, et sur 100 emplois se sont 71 qui s'y retrouvent. Le secteur moderne emploiera 7 actifs et 8 emplois en référence à 100 emplois. Le secteur informel c'est 22% des emplois et 18% des actifs. Le chômage se maintiendra à un niveau élevé, avec 16 pour cent des actifs.

Il apparaît fondamentalement les points clés suivants : accroissement du chômage à des niveaux élevés de 2 à 16 pour cent entre 1975 et 1990 ; baisse sensible de la part du secteur moderne dans l'emploi ; prépondérance du secteur agricole, mais qui subit un fléchissement et une désaffection ; élévation de l'emploi informel qui devient le véritable créateur d'emplois nouveaux, puisqu'il passe de 14 pour cent de la population active en 1975 à 18 pour cent en 1990.

Le tableau I.2[26] en annexe ne fait que confirmer cette situation vue sous l'angle rural/urbain. Ainsi, la baisse des emplois modernes et agricoles traditionnels profite au secteur informel et accentue le chômage ; le chômage est essentiellement urbain et dû à l'exode rural (déficit de la main-d'œuvre en zone rurale) et à la faiblesse d'absorption du secteur moderne ; le manque de main-d'œuvre en zone rurale qui devra compter sur des transferts de chômeurs urbains.

---

en Côte d'Ivoire 1987

[26] Annexe

La leçon à tirer pour le secteur informel est qu'il connaît une croissance nette en dépit de la crise, qu'il aide à résorber le chômage urbain (près de 60 pour cent des emplois) et qu'il n'est pas à écarter comme source d'emplois en milieu rural.

Avec le tableau I.3, le bilan de l'emploi se fait selon le sexe. Il apparaît que le taux d'occupation des femmes est légèrement supérieur à celui des hommes si l'on révise le cas des ménagères actives en milieu rural, et pas des moindres en milieu urbain.

Si les femmes sont minoritaires dans le secteur moderne, par contre elles sont majoritaires dans les emplois informels (65 pour cent en 1985) et agricoles traditionnels (50,4 pour cent). Cette situation s'explique aisément si l'on tient compte des aides familiales dans les ménages et des activités informelles non localisées ou non sédentaires et celles de marché où les femmes dominent.

Le taux de chômage féminin connaît une hausse, passant de 1,1 pour cent en 1975 à 8,2 pour cent en 1985 et à 12 pour cent en 1990. Promouvoir donc le secteur informel c'est également contribuer efficacement à l'emploi des femmes.

Le tableau I.4[27] donne la situation de l'emploi selon la nationalité. La population active non ivoirienne se retrouve essentiellement dans le secteur informel (60 pour cent en 1985) et à un niveau non négligeable dans les emplois modernes (30,6 pour cent). Le chômage aujourd'hui n'épargne personne (40 pour cent sont des étrangers en 1985).

Le constat général sur l'emploi est que le secteur informel est aujourd'hui, et pour une décennie encore, un secteur dynamique. Il est essentiellement occupé par les non-Ivoiriens et utilise une main-d'œuvre féminine majoritaire.

Certains secteurs ont été plus touchés par la crise économique des années 80, c'est le cas des Bâtiments et T.P où les fins de chantiers et les cessations d'activités se sont multipliées avec pour corollaire les

[27] Annexe

compressions et les licenciements du personnel. Le volume d'emplois disponibles dans ce secteur a chuté de 50.000 en 1980 à 22.700 emplois en 1983, avec une baisse moyenne de près de 23 % par an sur cette période.

Avec environ 23 % des travailleurs, la Fonction Publique est le plus grand pourvoyeur d'emplois salariés en 1983 et le moins touché par la crise. La tendance générale dans ce secteur est la hausse du volume d'emplois disponibles qui est passé de 92.000 en 1980 à environ 100.000 en 1983, soit une progression moyenne de l'ordre de 3 % par an. Mais depuis 1983, la politique d'austérité budgétaire y a entraîné un ralentissement de nouveaux recrutements.

3.3. Solde de main-d'œuvre

Au total, selon les perspectives démographiques, l'accroissement de la population urbaine a été très accéléré au rythme d'environ 8,4 % par an. La population disponible pour l'emploi a ainsi évolué de 1.100.000 en 1980 à 1.250.000 en 1983. Au contraire, la croissance des emplois urbains a été ralentie par la crise économique. La croissance soutenue de l'emploi dans le secteur informel (plus résistant à la crise) a pu maintenir le taux de croissance de l'ensemble des emplois urbains à près de 2 % par an sur la période 1980-1983.

Il en résulte donc un excédent de main-d'œuvre dont le rythme d'accroissement a été accéléré par les effets de la crise. Avec environ 145.000 en 1980, cet excédent a presque doublé pour atteindre 242.000 en 1983 et presque 605000 en 1990.

3.4. Litiges et conflits

Il faut signaler ici les difficultés que rencontre l'Inspection Médicale du Travail, démunie de moyens de sanction, à faire admettre à certains employeurs qu'il ne faut pas licencier mais muter le travailleur à un autre poste au sein de l'entreprise, lorsque celui-ci est victime d'une affection ou d'une lésion professionnelle qui le rend inapte à son poste de travail habituel.

Ce genre de licenciement est à considérer comme abusif et il serait souhaitable que des solutions soient trouvées pour éviter ces situations conflictuelles.

Pendant la période 1980-1983 les litiges et conflits ont connu un accroissement annuel moyen de l'ordre de 5,4 %. Le volume des litiges et conflits enregistrés à Abidjan est de loin le plus important et représente
67 %.

En 1980 sur 5605 litiges enregistrés par les services du ministère, 3628 ont eu lieu à Abidjan. Dans l'ensemble le nombre de litiges est en hausse au fil des années mais par des efforts accrus, les services ont réussi à faire baisser la proportion adressée aux tribunaux.

Ainsi de 1980 à 1981, la proportion des litiges adressés aux tribunaux a baissé de 1,7 % et de 1981 à 1983 la baisse est de 19,1 %. Les litiges restant en instance représentent en moyenne 5,6 %.

3.5. Les compressions de personnel

Pour ce qui est des compressions de personnel il faut souligner que le volume des travailleurs compressés est passé de 5352 en 1982 à 7074 en 1983 soit un taux d'augmentation de 32 %. Au cours des huit premiers mois de l'année 1984, on enregistre déjà 5707 travailleurs compressés et l'on estime que 2800 autres pourraient s'y ajouter pour les quatre derniers mois de la même année.

Cette évolution rapide des compressions s'explique par la baisse d'activité des entreprises dans 69 % des cas, les fins de chantiers dans 17 % des cas et les cessations totales d'activité dans 11 % des cas.

Dans l'ensemble les secteurs les plus touchés sont le bâtiment, les travaux publics, le commerce et l'industrie agro-alimentaire.

Les compressions ont le plus touché les agents d'exécution. Ainsi en 1982, sur les 5352 travailleurs compressés, les agents d'exécution ont représenté 95,9 % soit 5131 agents. Les agents d'encadrement qu'ils soient ivoiriens ou non ivoiriens représentent 4,1 %. Malgré la faible proportion des agents d'encadrement compressés, il faut souligner que dans cette catégorie, les ivoiriens sont de plus en plus, les plus touchés. Ils sont passés de 63 % des agents d'encadrement compressés en 1982 à 76 % en 1983 et déjà au cours des huit premiers mois de 1984 ils représentent 81 % des 526 agents d'encadrement compressés.

3.6. Les accidents de travail

Au cours de la période 1980-1983, l'ensemble des services régionaux du ministère du travail et de l'ivoirisation des cadres a enregistré 63.335 accidents de travail.

Les accidents de travail, grâce à des mesures de prévention et de sécurité prodiguées aux entreprises diminuent progressivement (6,5 % en moyenne de taux de régression).

Les accidents de travail enregistrés aux deux premiers trimestres de chaque année sont les plus nombreux et représentent en moyenne 53 % des effectifs enregistrés. En 1980 sur 17.441 accidents enregistrés ceux des deux premiers trimestres représentent 53,7 % soit 9364 accidents.

La répartition de ces accidents par direction régionale montre que la grande proportion des accidents de travail se réalise à Abidjan, le SAIT (service autonome de l'inspection du travail) et la DRTEA (direction régionale du travail et de l'emploi d'Abidjan) enregistrent en moyenne 75 % des accidents de travail qui se produisent chaque année.

Cette situation se comprend lorsqu'on sait que près de 75 % des entreprises et établissements du pays sont à Abidjan. Néanmoins, il est intéressant de faire remarquer que la proportion des accidents de travail d'Abidjan tend à diminuer au fil des années, à l'exception de 1981 où au contraire la proportion a augmenté. La proportion des accidents de travail est passée de 80,5 % en 1981 à 68,6 % en 1984.

Cette perte d'importance résulte de l'accroissement rapide du nombre d'accidents de travail à San-Pedro et Bouaké. Ces deux villes qui sont l'une, la deuxième ville portuaire et l'autre la deuxième ville économique, tendent, par les opérations de décentralisation, à accueillir un nombre croissant d'entreprises et par voie de conséquence, à voir augmenter le nombre d'accidents de travail qu'engendrent ces entreprises. Elles sont après Abidjan, les villes qui enregistrent le plus d'accidents. Agboville et Bouaflé semblent emboîter leur pas ces dernières années.

Il faut souligner que les directions régionales dans lesquelles l'on enregistre le moins d'accidents de travail sont Abengourou et surtout Touba. A ces accidents de travail enregistrés dans l'année s'ajoutent ceux en instance ; l'ensemble constitue le nombre total d'accidents à traiter par les services du ministère. Le nombre d'accidents de travail en instance varie très peu d'une année à l'autre. Ce sont en général les services qui enregistrent le plus grand nombre d'accidents, qui ont un nombre élevé d'accidents en instance.

Afin d'améliorer davantage les informations sur les accidents de travail, l'inspection médicale du travail en collaboration avec la direction de l'emploi, teste un questionnaire qui permettra de réunir des informations sur la répartition des accidents par secteurs d'activité, par taille de l'entreprise, ainsi que sur les causes d'accidents de travail et maladies professionnelles et les types de maladies souvent rencontrées afin de prévoir des actions de prévention sectorielle visant à diminuer d'avantage la fréquence des accidents de travail et maladies professionnelles et à améliorer les conditions de travail. L'utilité des conclusions de cette étude statistique pour l'orientation des activités de prévention de l'inspection médicale du travail ne fait l'ombre d'aucun doute.

En effet, l'importance des accidents de travail à Abidjan par rapport à l'intérieur et évolution inverse des proportions entre ces deux parties du pays au fil des années nous confirment dans notre conviction que tout en accordant la priorité "aux actions de prévention à Abidjan où se trouve la plus grande concentration d'entreprises, nous devons également intervenir à l'intérieur en accordant la seconde priorité aux régions où l'on enregistre le plus d'accidents de travail. Ainsi après Bouaké déjà programmé, nous inspecterons les régions de San-Pedro, Agboville.

3.7. Emploi féminin

L'une des difficultés d'analyser l'emploi féminin est l'insuffisance des statistiques sur cette question. En dépit de cette faiblesse statistique, l'emploi féminin sera examiné selon les caractéristiques démographiques et la situation dans l'emploi.

3.7.1. Caractéristiques démographiques

Tableau 6 : Population féminine en % de 1965 à 1995

	1965	1975	1980	1985	1990	1995
Pop masculine	51,2	51,8	52,1	52,3	52,4	52,2
Pop féminine	48,8	48,2	47,9	47,7	47,6	47,8
Total	100	100	100	100	100	100
Rapport de masculinité	104,9	107,5	108,8	109,6	110,1	109,2

Source : INS

Figure 9 : rapport de masculinité de 1965 à 1995 en Côte d'Ivoire

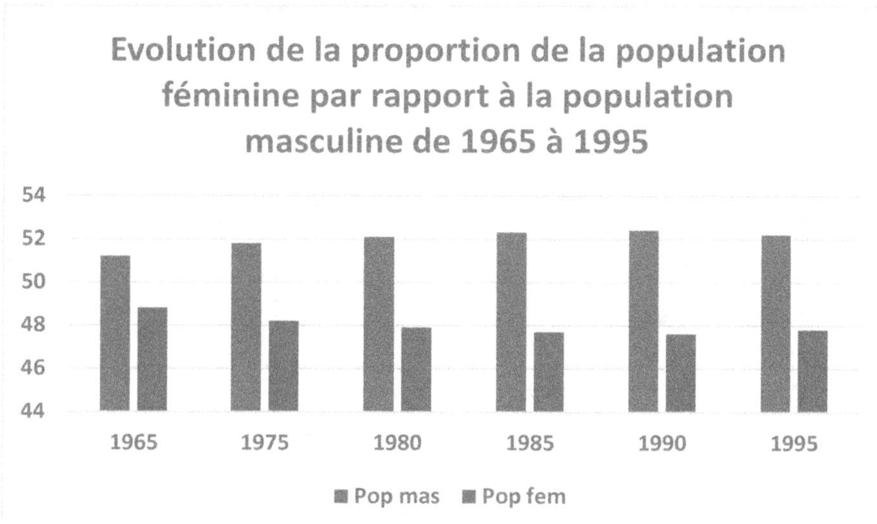

Source : INS

Le rapport de masculinité est de 104,9 hommes pour 100 femmes en 1965 pour passer à 109 hommes pour 100 femmes en 1995, ce qui montre la prédominance quantitative des hommes par rapport aux femmes en Côte d'Ivoire compte tenu de l'immigration qui est d'abord du fait des hommes à la recherche d'un emploi. Ils feront venir ou pas leurs épouses après avoir trouvé un emploi ou s'être installé.

3.7.2. Population active et emploi féminin

Le taux brut d'activité féminin est supérieur au taux masculin compte tenu du fait que les ménagères traditionnellement inactives dans les statistiques et définitions du BIT ont été prises comme composantes de la population active féminine d'une, part, et d'autre part la scolarisation est plus faible en milieu féminin alors que celle-ci retient les individus hors activité. Ainsi, en 1990 le taux brut d'activité chez les femmes est estimé à 53% alors que celui des hommes à 51%.

Tableau 7 : Bilan de l'emploi par genre de 1980 à 1990 en Côte d'Ivoire

Bilan emploi/genre	1980		1985		1990	
	H	F	H	F	H	F
1. pop active	2327	2170,00	2787	2593,00	3395	3159,00
2. pop. Occupée	2199	2115,00	2394	2381,00	2747	2779
2.1 agric.trad	1551	1574,00	1716	1744,00	1934	1965
2.2 emploi moderne	434	35,00	360	45,00	368	58
2.3 emploi informel	213	506,00	318	593,00	445	756
3. excédent main-d'œuvre=1-2	128	55	393	212	648	380
Taux de chômage= 3/1	0,06	0,03	0,14	0,08	0,19	0,12

Source : direction de l'emploi

En 1980 toute zone d'habitat confondue, la population active féminine représente 48,25 % et un taux brut d'activité de 54,7%. En 1990 ces chiffres sont respectivement de 48,2% et 53,4%. Il faut noter que l'emploi féminin se reparti comme suit :

- Secteur agricole traditionnel : 71%
- Emploi moderne : 2%
- Secteur informel : 27%

Les femmes sont principalement dans les emplois agricoles en milieu rural au détriment des emplois modernes qui sont urbains où elles sont minoritaires compte tenu de leur niveau de qualification et d'instruction scolaire nécessaires pour occuper ces emplois.

Cette proportion de femmes actives est relativement importante en zone rurale où elle se situe à 50,4 % alors qu'en zone urbaine elle est de 45,5 %[28].

[28] INS RGPH 1975 ,1988 et divers

Figure 10 : Structure de l'emploi féminin en Côte d'Ivoire en 1990.

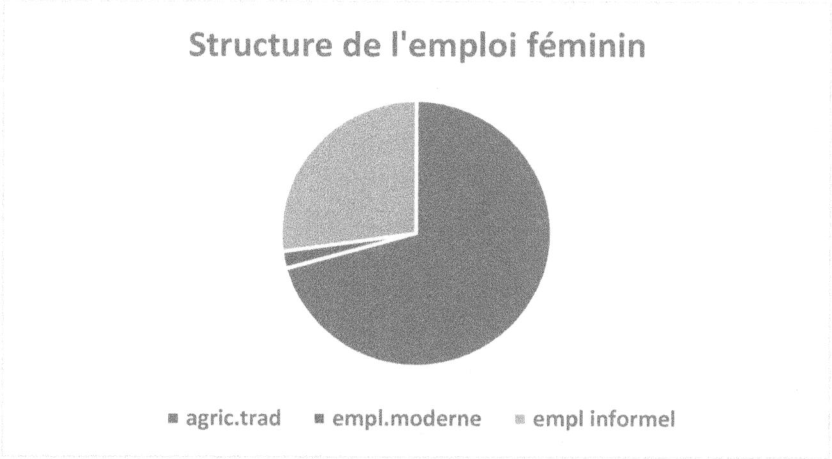

Source : direction de l'emploi

En 1990 selon le tableau 7, les femmes ne représentent que 13,62% des emplois modernes, 51% des emplois agricoles traditionnels et 62,89% des emplois informels.

Selon une étude de la direction de l'emploi [29], les salariées présentent les caractéristiques ci-après :

- forte proportion d'illettrées ;
- concaténation du niveau d'instruction et de formation au stade des études secondaires et/ou primaire, alors que la dispersion est plus grande chez les hommes ;
- disparités multiples :

Au niveau des salaires, notamment, entre catégories professionnelles aux profits des postes d'encadrement ; entre nationalités aux profits des non Africaines ; entre sexe masculin et féminin c'est-à-dire à 2 niveaux : d'une part, à l'avantage des hommes pour les postes d'encadrement supérieur, et d'autre

---

[29] Paul Koffi Koffi et Ngatta Ampoh, Etude sur l'emploi des femmes salariés en Côte d'Ivoire 1983

part, aux profits des femmes concernant les postes d'exécution pour l'ensemble des Ivoiriens et Africains.

Figure 11 : Évolution de l'emploi par secteur et par genre en Côte d'Ivoire 1980-1990

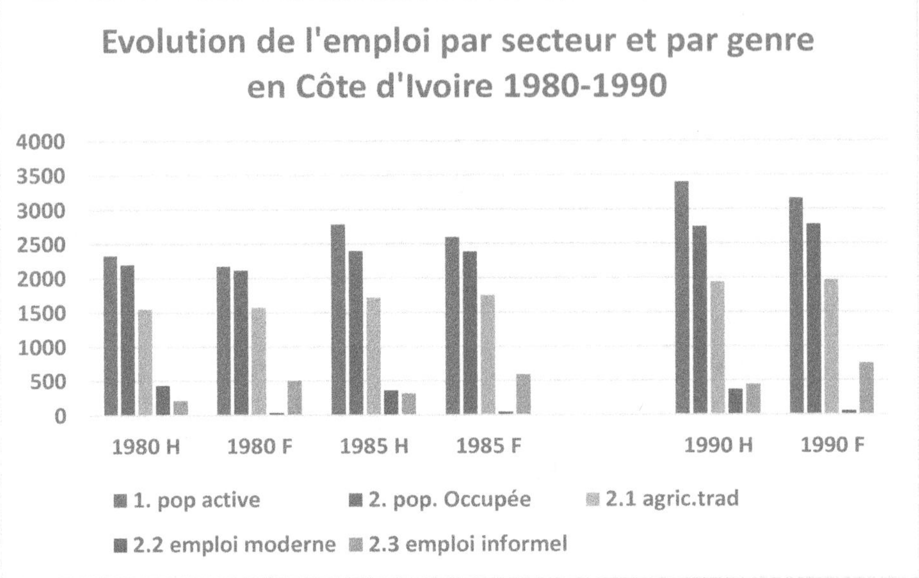

Source : direction de l'emploi

3.7.3. Les femmes et le marché du travail

Quelles sont les caractéristiques toujours selon l'étude de la direction de l'emploi :

- les femmes sont minoritaires sur le marché de l'emploi parmi les demandeurs d'emplois (19%) ;
- la majorité est à la recherche d'un premier emploi (75%) principalement des postes administratifs ou commerciaux, d'employés ou d'agents de maîtrise ;
- elles sont jeunes (plus jeunes que les hommes) avec un âge moyen de 22 à 30 ans;
- leur niveau d'instruction est concentré au 1er cycle de 1'enseignement secondaire et au primaire ;
- la plupart d'entre elles sont sans diplôme (70%), et sans qualification ou formation professionnelle (73%).

IV. LE MARCHE DE L'EMPLOI

Le défi du marché de l'emploi est de pouvoir assurer l'équilibre quantitatif et qualitatif entre la demande et l'offre. On peut parler de marché de l'emploi ou de marché du travail.

4.1. La demande d'emploi

La demande d'emploi correspond à l'offre de travail ou la main d'œuvre. C'est elle qui produit les biens et services. C'est la ressource humaine productive, ou généralement équivalente à la population active, la force de travail qui économiquement est le facteur de production. Elle est soit occupée à un emploi, soit elle est sans emploi, et elle est disponible pour les occuper, et lui permettre d'en tirer un revenu monétaire ou non monétaire.

Il s'agit de personnes des deux sexes qui en fonction de la loi du travail peuvent être occupées, ou non occupées. En Côte d'Ivoire, c'est 15 ans le début de l'âge actif. La retraite se limite à 55 ans jusqu'en 2012. Depuis lors, aujourd'hui, elle varie de 60 ans à 65 ans selon le secteur, le métier et la catégorie socioprofessionnelle. Les forces armées ont un statut particulier. En milieu rural, les paysans exercent leur métier jusqu'à épuisement tout comme certains travailleurs ou employeurs notamment dans le secteur informel.

Les personnes vivant en milieu urbain vont pour chercher un emploi, lorsque cela existe se présenter ou s'inscrire à une officine du travail qui les enregistre. En Côte d'Ivoire nous avions l'Office de Main-d'œuvre de Côte d'Ivoire (OMOCI), qui sera remplacé par l'Agence nationale pour l'emploi (AGEPE), puis Pôle Emploi, aujourd'hui.

Les personnes qui sont à la recherche d'un emploi peuvent être des personnes se présentant pour la première fois à la recherche d'un premier emploi, ou alors ayant déjà travaillé mais ayant perdu leur emploi ou à la recherche d'un autre emploi pour plusieurs raisons.

Profil des demandeurs d'emplois au 30 octobre 1984

Dans l'ensemble, les demandeurs de premier emploi sont plus nombreux[30] : 66 % en 1982, 69 % en 1983. Cette proportion est plus élevée chez les cadres (61 % en 1982 et 72 % en 1983) que chez les Agents de maîtrise (16 % en 1982, et 25 % en 1983).

Les demandeurs d'emplois cadres proviennent essentiellement des formations de sciences économiques dans l'ordre de 30 % des cas, et des formations de droit dans l'ordre de 15 % des cas. Les demandeurs d'emplois d'agent de maîtrise qui sont généralement des travailleurs expérimentés dans (75 % des cas) ont le plus souvent des formations diverses, dont 82% de formations non classiques (sans formation professionnelles appropriée).

Les demandeurs d'emplois « cadres » ont le plus souvent des diplômes supérieurs d'université ou de grandes écoles nationales. Ces cas concernent environ 75 % des demandes.

Dans 80 % des cas, les demandeurs d'emplois "maîtrise" ne sont pas titulaires de diplômes classiques. Dans le cas de diplôme classique, les plus mentionnés sont le BEP ou BT.

La population des demandeurs d'emploi est évaluée à 86.000 personnes inscrites à l'OMOCI en 1985 contre 73.000 en 1984 et 51.000 en 1982. Les premiers emplois sont les plus nombreux et en représentent 64 %.

Tableau 8: Effectif et structure des demandeurs d'emplois par catégorie professionnelle

Catégorie	**effectif**	%	% 1er emploi
Cadres	1625	1,9	66
Maîtrise	4908	5,7	14
Enseig tech	3845	4,5	100
Autres	76004	87,9	65
Total	**86381**	**100**	**64**

Source : OMOCI

[30] Paul Koffi Koffi idem

L'antenne enseignement technique enregistre les demandeurs issus de l'enseignement technique du niveau au plus égal au BTS. Les autres se retrouvent au niveau des cadres ou maîtrises soient 6.000 personnes environ qui proviennent de l'enseignement technique et professionnel (7,5 % de l'ensemble des demandeurs actifs).

Tableau 9 : situation des demandeurs d'emploi par catégorie professionnelle

Catégorie professionnelle	1982	TC %	1983	TC %	1984	TC %	1985
Cadres	651	-0,003	649	+72	1115	+ 46	1625
Maîtrises	2704	+2,51	2772	+9,42	3033	+ 62	4908
Enseig Tech	3463	-53,2	1618	+ 56	2521	+53	3845
Total	**6818**	**-26,1**	**5039**	**+32,34**	**6669**	**+55,6**	**10378**

Source :OMOCI

Concernant les cadres et les agents de maîtrises 30 % ont une formation professionnelle qui est essentiellement dominée par les administratifs et commerciaux.

Le temps moyen mis pour l'attente d'un emploi augmente régulièrement depuis 1982. Ainsi, pour les cadres 1er emploi, l'on est passé de 4 mois en 1980 à 7 mois en 1983 et Il mois en 1985, aujourd'hui il s'agit de plus d'un an.

En définitive, il faut retenir que :

- le nombre des demandeurs croît régulièrement ;
- moins de 10 % ont une formation professionnelle, diminuant ainsi leur chance d'accès à un emploi ;
- les délais d'attente d'un emploi s'allongent de plus en plus.

La plupart sont sans expérience professionnelle, donc à la recherche de leur premier emploi.

4.2. L'offre d'emplois

Le secteur productif est celui-là même qui regorge ou qui créé les emplois. Le secteur productif exprime une demande de travail ou une offre d'emplois. Il se compose du secteur moderne comprenant le privé et la fonction publique, du secteur agricole traditionnel, ainsi que du secteur informel.

Entre 1980 et 1983 le volume des offres enregistrées à l'OMOCI a chuté de 15.311 à 5.905, soit une baisse moyenne de l'ordre de 23 % par an. Dans le même temps les placements enregistrés ont baissé de 10.131 à 5.635 en 1983, ce qui correspond à une baisse moyenne de l'ordre de 18 % par an.

Cette tendance s'observe au cours des 3 premiers trimestres de l'année 1984[31].

Le secteur moderne est le plus connu comprenant essentiellement l'emploi salarié privé ou public. Environ 420.000 personnes y exercent et représentant moins de 10 % de la population active. Il emploie du personnel qui est rémunéré par un salaire à la fin contractuel du travail qui est le salaire. Lui-même fait l'objet d'une règlementation qui donne un salaire minimum appelé SMIG.

Il a été le plus sérieusement touché par la crise avec une baisse en moyenne du volume de 3 % sur la période 1980-1985. Le BTP étant le plus touché (50.000 travailleurs en 1980 et moins de 20.000 en 1985). La Fonction publique est le plus gros employeur (près de 25 % des salariés). Le niveau de l'ivoirisation approche 67 %. Si l'on s'en tient au privé les femmes en représentent 10 %. La population des salariés est jeune puisque l'âge moyen est compris entre 35 et 40 ans.

En définitive, le secteur moderne en perte de vitesse ; même en situation de reprise nette, il ne pourrait faire face à l'accroissement de la main-d'œuvre.

Le secteur informel : essentiellement en milieu urbain, il a été reconnu comme secteur créateur d'emplois viables depuis les années

---

[31] Paul Koffi Koffi idem

70, car au départ considéré comme source de chômage déguisée ou armée de réserve pour le secteur moderne.

Sans s'engager dans un débat conceptuel, ce secteur pour le définir et arrêter son contour, l'on dira que c'est celui des métiers, de l'artisanat, des activités non prises en compte dans l'emploi moderne ou agricole traditionnel. Secteur très hétérogène il est dominé par des activités de services (restauration, commerce : vendeurs, vendeuses), de production et d'entretien (habillement, réparation, artisanat etc.).

Il se caractérise par les éléments suivants :

- utilisation de main-d'œuvre abondante et peu qualifiée ;
- formation acquise essentiellement sur le tas ;
- entreprise de petite taille ;
- utilisation de main-d'œuvre féminine nombreuse ;
- techniques de production simple
- absence de réglementation et d'enregistrement (échappant au système officiel : fiscalité, sécurité sociale, embauche etc.).

Aujourd'hui, 60 % des emplois urbains sont du domaine informel encore que là nous pensons qu'il est sous-estimé puisque beaucoup d'activités informelles ne sont pas localisées (activités à domicile, travailleurs ambulants, sur chantier etc.).

Le problème pour la promotion de ce secteur se situe à 5 niveaux :

- activités encore considérées comme dévalorisantes ou dégradantes ;
- absence de méthodes d'investigation ;
- problème d'organisation ;
- formation et apprentissage ;
- assistance technique et financière des organismes bancaires et de l'Etat inexistante.

Le secteur traditionnel agricole : principal source d'absorption de main-d'œuvre (3/4) est essentiellement en monde rural. La cellule familiale se confondant avec l'unité de production : chef de famille =

chef d'exploitation. Il utilise une main-d'œuvre nombreuse et des techniques très simples à faible productivité. Le problème réside au niveau du sous-emploi qui est élevé lié aux saisons, au calendrier agricole et aux méthodes essentiellement extensives d'exploitation.

4.3. Analyse des offres et demandes d'emplois

Le volume des offres d'emploi enregistrés par l'OMOCI est passé de 17.000 postes en 1979 à 9.000 en 1982, puis 4.000 en 1984 pour remonter à 6.900 en 1985 soit une baisse moyenne de 9 % environ sur le période 79 - 84. L'année 1986 a enregistré une baisse de 5500 postes offerts.

Les offres 1ères emploi représentent 59 % du volume des offres enregistrées en 1985.
La répartition par catégorie indique que 7 % sont destinées aux cadres, 25 % aux maîtrises et 68 % au reste des catégories 8 % ont été adressées à l'antenne enseignement technique soit 600.

Les offres pour lesquelles les diplômes ont été identifiés, les BEP - BP - BT viennent au premier rang avec 60 % suivi du BAC technique 29 %, alors que les CAP représentent 3 % les BTS 1,4 % et les Ingénieurs 6 %.

Il faut ajouter que les offres de BEP - BP - BT sont essentiellement de 1er emploi (71 %). Ce qui veut dire qu'un BEP - BP - BT a plus de chance de trouver un emploi qu'un Ingénieur ou un CAP, mais que cette chance diminue compte tenu du grand nombre qu'ils représentent parmi les diplômés, issus de l'enseignement technique et de la formation professionnelle.

Les spécialités sont généralement de domaine technique puis agricole avec respectivement 60 % et 36 %.

Il faut noter que les offres sont à 92 % destinées aux hommes. Le taux de satisfaction des offres est évalué à plus de 70 %.
L'antenne enseignement technique a reçu 350 offres en 1984 et 600 en 1985 avec un taux de satisfaction supérieur à 70 % (86 % pour 1984).

Par secteur d'activité en 1981, les services ont émis 32,3 % des offres, le commerce 23,1 %, le BTP 13,8 %, les industries agro-alimentaires 8,5 %. En 1984, ces taux sont respectivement de 12,8 %, 12,4 %, 6,8 % et 18,3 %. Les transports et communications sont passés de 4,8 % à Il, 2 % et les autres industries (industries du cuir, chaussures, bois, construction de verre, énergie, divers) de 2,8 % à 17,3 % (2è position après l'agro-industrie).

En définitive, l'on retient ceci en ce qui concerne les offres :

- baisse très sensible des offres largement inférieures aux demandes (7 %) malgré la remontée en 1985 ;
- les diplômes issus de l'enseignement technique et de la formation professionnelle de niveau BEP - BP - BT sont les plus sollicités dans les spécialités techniques et agricoles.

Elles se répartissent plus ou moins équitablement entre le "premier emploi et les autres". L'industrie agro-alimentaire est le plus créateur d'emplois.

Le marché de l'emploi comme l'on vient de le voir connaît un désajustement qui se traduit par un déséquilibre quantitatif et qualitatif entre l'offre et la demande.

La formation professionnelle dans les filières de préférence techniques ou agricoles est un atout indispensable pour s'insérer dans le circuit productif avec des délais de satisfaction de plus en plus long[32].

4.4. L'équilibre du marché de l'emploi

4.4.1. Besoins ou déficits

Sur la base d'hypothèses, des scénarios visant à préfigurer l'avenir de l'emploi ont été élaboré pour le milieu urbain.
Quelles que soient les hypothèses (faible : persistance de la crise, moyenne légère reprise, forte : reprise) il faut craindre un

[32]Paul Koffi Koffi Employabilité des diplômés de l'éducation-formation en Côte d'Ivoire, Ed Harmattan 2021

accroissement du chômage d'ici 1995 pour les raisons suivantes qui sont d'ordre conjoncturel ou structurel.
0709559701En effet, en Côte d'Ivoire plusieurs formes de chômage se superposent :

- chômage volontaire ;
- chômage involontaire (plein-emploi est impossible à réaliser) ;
- chômage conjoncturel (nombreuses compressions) ;
- chômage intellectuel (chômage de diplômés) ;
- chômage structurel (appareil économique et structure du marché du travail et du système éducatif) ;
- chômage technique.
- etc.

Ainsi, la crise des années 80 a entraîné des déséquilibres conjoncturels.

- nombreuses compressions de personnel (plus de 5000 personnes en moyenne sur la période de 79 - 85) d'où chômage conjoncturel.
- nombreux jeunes diplômés de l'enseignement supérieur au chômage d'où le terme de « chômage intellectuel ».

A côté de ces problèmes conjoncturels, il faut mentionner les déséquilibres structurels :

- exode rural et accroissement de l'excédent de main-d'œuvre urbaine 558.000 en 1985 1.000.000 en 1990 1700.000 en 1995 ;
- main-d'œuvre étrangère importante (1 salarié sur 4 dans le privé est non ivoirien, et 3 à 4 emplois dans le secteur informel est étranger)
- vieillissement des actifs agricoles ;
- secteur moderne peu créateur d'emploi ;
- inadaptation du système éducatif et de formation à l'emploi qui crée des chômeurs potentiels et implique une inadaptation quantitative et qualitative entre l'offre et la demande d'emploi ;
- sous-emploi élevé.

Cette situation de déséquilibre multiple et multiformes interpelle tous les agents économiques que nous sommes à considérer comme dorénavant prioritaires les problèmes de l'emploi notamment la promotion des emplois informels et ruraux, des PME, l'Ivoirisation, et bien entendu la réforme du système éducatif.

L'exécution de cette stratégie n'appartient pas uniquement à l'Etat dont le souci est le désengagement maximum des activités de production aux profits des initiatives privées et individuelles. Examinons les distorsions du marché de l'emploi.

4.4.2. Les distorsions du marché de l'emploi

La problématique du marché de l'emploi peut être analysée autour de deux axes : déséquilibre structurel et distorsion d'ordre conjoncturel.

4.4.2.1. Déséquilibre structurel

Le système de formation et celui de production présentent des faiblesses structurelles :

Systèmes non maîtrisés

L'Etat n'a la maîtrise ni du système privé de formation, ni celui de la production. Au niveau de la formation, le secteur privé est à la merci des chefs d'établissement qui n'ont d'autres soucis que l'optimisation de leur profit. Malgré quelques actions de programmation au niveau du ministère de l'éducation nationale et de la recherche scientifique, les établissements de formation prolifèrent avec des filières qui n'ont plus de débouchés sur le marché du travail. Le contrôle et la programmation des effectifs ou des filières échappent totalement à l'Etat. Dans le public, chaque département ministériel assure la formation de son personnel technique. La prolifération des centres de décision en matière de formation n'est pas propre à favoriser la programmation au niveau national.

Au niveau du système de production, la plupart des entreprises relèvent du secteur privé. Or, le souci de rentabilité des capitaux est souvent incompatible avec les intérêts politiques. Selon les publications de la Banque des données financières, 7 % des 2.511 entreprises déclarées en 1982 sont à capitaux majoritaires de l'Etat. Lorsqu'un chef d'entreprise embauche ou licencie un travailleur, ce n'est point pour répondre aux besoins du marché, mais exclusivement dans le but de rationaliser sa production. Aussi l'intervention de l'Etat à ce niveau n'est-elle qu'une négociation avec l'employeur et non une contrainte, vu les textes en vigueur.

Si au niveau de la fonction publique et des sociétés parapubliques, le problème d'emploi peut se poser seulement en terme conjoncturel, l'Etat est encore loin de maîtriser la cohésion et l'harmonisation des systèmes de formation et de production.

Systèmes incohérents et inadéquation formation emploi

Le système de formation orienté sur l'emploi moderne à l'instar des systèmes de formation occidentale dont il en est une copie, propulsé sur le marché du travail des milliers de jeunes qualifiés. Malheureusement, le développement de l'emploi moderne a été plus lent pour répondre à la demande et le volume d'emploi moderne actuellement disponible est loin d'absorber toute cette main-d'œuvre qualifiée. Nombreux sont les jeunes sans formation, expérience et qualification professionnelles.

Paradoxalement, le secteur informel qui présente un grand potentiel d'emplois a du mal à attirer les jeunes avec sa dynamique d'inorganisation et souvent de personnalisation et de formation sur le tas.

Quant au secteur agricole, il y a tout simplement pénurie de main-d'œuvre due essentiellement à l'exode rural des jeunes déscolarisés qui désertent la campagne. Cette incohérence entre le système de formation et le système de production, se traduit entre autres par une inadéquation quantitative et qualitative entre la formation et l'emploi. La coexistence à l'OMOCI des demandes et des offres d'emploi non satisfaites est la preuve la plus palpable.
En effet, le système éducatif Ivoirien privilégie l'enseignement général sur la formation professionnelle, or les taux de déperdition sont très élevés dans les classes de goulot d'étranglement que sont le

CM2, la troisième, la première avec le probatoire maintenant, et la terminale. Conséquence de nombreux jeunes déscolarisés se retrouvent sur le marché de l'emploi sans qualification. Même ceux qui achèvent normalement leur cycle (primaire, secondaire 1er et/ou 2ndcycle) ne sont pas préparés à l'emploi. Cette situation s'observe également au niveau du supérieur où le titulaire d'un DEUG ou d'une licence voire maîtrise, éprouve des difficultés à intégrer la vie professionnelle.

L'enseignement dit technique et la formation professionnelle ont connu un développement rapide ces dix dernières années. Ce que l'on a observé en fait, c'est une éclosion anarchique et désordonnée d'établissements notamment privés orientés vers le tertiaire (commerce, gestion administration, etc.) avec non seulement un niveau de formation bas (souci de rentabilité, pénurie d'enseignant qualifiés, etc.), mais ayant en face des besoins de l'économie (offre d'emploi) orientés vers les filières techniques (mécanique, électricité, bâtiment, etc.).

D'autre part, la planification de cette formation technique et professionnelle ne s'est pas faite à l'échelon national où chaque ministère dispose très souvent de sa propre structure de formation. Conséquence : des investissements lourds ont été effectués pour la formation d'une poignée de techniciens orientés vers le secteur moderne de l'économie dont la capacité d'absorption demeure modeste alors que les possibilités paraissent plus grandes au niveau agricole et du secteur non structuré.

En définitive, l'adéquation formation-emploi n'est pas réalisée. Les entreprises sont peu associées à la formation des élèves et étudiants de façon générale. Le système d'information et/ou de liaison entre le monde scolaire et estudiantin, et celui du travail est déficient ; ce qui est une autre source d'inadéquation.

Enfin, l'une des causes à cette situation réside dans les besoins exprimés par les employeurs qui exigent quelque fois des qualifications très poussées de types longue expérience professionnelle, dont la pertinence est difficile à apprécier alors que sur le marché de l'emploi plus de 60 % des demandeurs sont à la recherche d'un premier emploi. C'est en définitive l'ensemble du système éducatif qu'il faut repenser.

Insuffisance des moyens de contrôle de l'emploi

Si les structures étatiques existent au niveau de l'administration de l'emploi, les moyens mis à la disposition de cette administration demeurent insuffisants.

Sur le plan juridique, l'administration de l'emploi ne dispose pas de textes à caractère contraignant, pour lui permettre de sanctionner les employeurs réfractaires.

Sur le plan matériel, les informations sur l'emploi ne sont pas assez exhaustives compte tenu de la modicité des crédits alloués à leur collecte.

D'autres facteurs d'ordre structurel

Il s'agit de :

- excédent de main-d'œuvre urbaine occasionné par un mouvement migratoire (interne et externe), une présence sans cesse croissante de jeunes déscolarisés issus tant du milieu rural qu'urbain, et d'un fort taux de croissance démographique.
- présence importante de main-d'œuvre étrangère qui provient de la relative prospérité de l'économie Ivoirienne dans la sous-région, de l'option libérale, et de la politique d'ouverture sur l'extérieur ;
- disparités régionales occasionnées par la concentration très forte des activités modernes autour d'Abidjan d'autre part on observe également un dépeuplement de la force de travail des zones de savane vers la forêt ;
- disparités entre la fonction publique et le secteur privé et niveau de productivité à améliorer très sensiblement dans l'ensemble des secteurs d'activité ;
- absence de maîtrise de la technologie consécutive à un niveau faible des investissements par les nationaux et un système

éducatif orienté vers la reproduction au détriment de la création et l'innovation ;
- l'exode rural, inquiétant, entraîne corrélativement.

Un déficit de la force de travail en zone rurale est constaté. Les différences de revenus et l'espérance de trouver une activité plus rémunératrice en milieu urbain, l'accession à la propriété sont autant d'éléments qui justifient ce dépeuplement rural. Il faut ajouter à cela une cause conjoncturelle qui est la sécheresse qu'a vécue le monde agricole, durant ces dernières années.

L'excédent de main-d'œuvre urbaine

L'urbanisation connaît un rythme de croissance très rapide (moyenne annuelle de 8 % environ). Cette urbanisation excessive est la conséquence du développement économique des deux premières décennies qui a drainé vers les villes de nombreux jeunes, venant des pays voisins et/ou de zones rurales (exode rural), déscolarisés ou non en quête d'emploi rémunérateur, de services (écoles, hôpitaux, etc.) et d'une vie *"meilleure"*.

D'autre part, cette situation a été favorisée par les gains d'espérance de vie, dû à l'amélioration des conditions d'existence en ville et qui a donc provoqué une croissance démographique notamment celle d'âge actif surtout sensible en zone urbaine.
Cette urbanisation a entraîné un déséquilibre au niveau de l'offre et des besoins de main-d'œuvre. Ainsi, on assiste d'année en année à un accroissement de l'excédent de main-d'œuvre. En milieu urbain d'autant plus que le secteur moderne est d'une faible capacité d'absorption (environ 10 % de la population active) et que la majorité de ces jeunes sont sans qualification professionnelle.

Présence importante de main-d'œuvre étrangère

Cette distorsion a été déjà mentionnée de façon implicite au niveau de l'excédent de main-d'œuvre.

En effet, le développement économique de la Côte d'Ivoire dès l'indépendance, la faible proportion au départ de diplômés d'enseignement supérieur appelés à assurer des postes d'encadrement dans les secteurs privé ou public, la politique libérale d'ouverture sur l'extérieur, ont drainé un nombre important d'individus en quête d'un emploi tant à titre privé que dans le cadre de la coopération.

L'ivoirisation de l'emploi moderne privé est en dessous des 70 % (61 % environ) et celui de l'encadrement 54 %, selon la Banque des données financières.

Dans l'administration, il a fallu attendre l'année 1983 pour voir un train de décisions consécutives à l'accroissement des charges financières que supporte l'Etat ivoirien, Elles visent à se séparer du 1/3 dans une première phase des assistants techniques. Mais l'enseignement scientifique et technique est encore tributaire des expatriés.

Au niveau de la main-d'œuvre agricole salariée, l'on a fait très souvent appel aux travailleurs de la sous-région et plus particulièrement Burkinabés.

Dans le secteur non structuré ou informel, il faut noter également la présence importante de non nationaux. Par exemple, les syro-libanais qui contrôlent une grande partie de commerce de détail et de demi-gros.

Les ivoiriens, au niveau du petit commerce et service, ont jusqu'à présent une répugnance à s'y orienter trouvant les activités quelque peu dégradantes : on y trouve des mauritaniens, les maliens ou les guinéens tant en activités localisées que non localisées.

Les disparités régionales

L'une des distorsions caractéristiques de l'emploi moderne en Côte d'Ivoire est la très forte concentration des activités autour d'Abidjan, malgré l'essor de quelques régions comme Bouaké.

Cette situation, qui est loin de se modifier sensiblement au cours des prochaines années, d'autant plus que les grands projets visant la décentralisation se font de plus en plus rares, suite à la crise économique qui a marqué l'actuel quinquennat, entraîne une répartition quasi identique du revenu et implique corrélativement des problèmes sociaux.

Le sud, notamment Abidjan, a bénéficié très longtemps et le sera sans doute encore, des infrastructures nécessaires et modernes.

D'autre part, l'ancien code des investissements (Loi de 1959) n'a pas mis l'accent sur la décentralisation économique.

A cette forme de disparité, il faut ajouter celle relative aux zones de savane et de forêt. On assiste au déplacement des populations de savane vers la forêt, ce qui pose non seulement le problème de déficit de la force de travail en savane, mais celui des terres et de la déforestation, qui on sait, conduit à la sécheresse, et crée un déséquilibre écologique à long terme.

Des efforts sont à faire dans ce sens, dans les futures années, sur l'optimisation des activités notamment agricoles en milieu de savane.

Les disparités intersectorielles et productivité

L'on a souvent voulu banaliser les disparités existantes entre le secteur privé, le parapublic et l'administration alors qu'elles sont réelles.

Le constat est le suivant dans l'emploi moderne : la fonction publique, plus grand employeur avec un niveau de salaire plus bas que celui du secteur privé.

Par ailleurs, la plupart des grandes écoles de la place qui reçoivent les meilleurs élèves du second cycle de l'enseignement secondaire forment des ingénieurs et techniciens pour les corps de l'administration ; mais par la suite ils ne sont pas utilisés au mieux de leur savoir et capacité. Nombreux sont les Ingénieurs, techniciens qui meublent les bureaux administratifs au niveau central ou régional à exécuter des tâches ne nécessitant pas ce haut niveau de formation.

De plus, il faut mentionner la lourdeur du circuit administratif : une chaîne de décisions très longue, beaucoup de documents à produire mais peu utilisés et mal archivés : pas de rationalisation dans l'utilisation des moyens matériels et humains, manque de coordination et de collaboration, salaire bas pour le coût de la vie, conséquence : rendement faible de l'administration.

Ce problème de productivité se pose au niveau agricole notamment l'agriculture traditionnelle. A ce niveau un effort est à entreprendre au stade de la formation qui ne prépare pas l'individu à pouvoir s'intégrer dans le monde agricole.

La maîtrise de la technologie

Créer des emplois est certes une réalité, une nécessité, mais maîtriser les techniques et la technologie en est une autre.

Le secteur moderne, qui vit au rythme de l'économie internationale utilise des moyens de production, des techniques et une technologie que s'efforce d'apprendre l'école et la formation professionnelle. Or, l'on se trouve jusqu'à présent au stade de la reproduction et la maintenance ; la formation, voire, le système éducatif, dans son ensemble tant officiel que non officiel, ne favorise pas le passage à l'innovation, la création en un mot, à la maîtrise technologique. Aujourd'hui où, dans ces pays l'on se trouve au stade de nouvelles mutations technologiques avec l'entrée massive de l'informatique dans le système productif et la vie sociale, il paraît opportun que des réflexions soient menées en vue de parvenir à des choix judicieux débouchant sur la maîtrise de la technologie.

Un peuple se détermine par sa façon de créer, d'innover et de reproduire ; tant qu'il ne peut infléchir et même orienter ses choix technologiques il reste dépendant du système d'où il tire son mode de reproduction.

Le champ immense d'investigation que sont les mondes rural et/ou informel doivent inciter à réflexion.

Exode rural

Il s'agit d'une distorsion qui persiste depuis de nombreuses années. L'économie marchande, donc moderne a entraîné une stratification de nos populations en zones urbaine et rurale.

De façon générale, la zone urbaine est dominée par les activités modernes qui débouchent sur un salaire permettant à l'individu de s'offrir des biens de consommation produits par ces dites activités, des services attrayants (cinéma, sports spectacles divers) ou sociaux (école, lycée, hôpital, habitat avec eau courante, électricité, etc.).

L'espérance de vivre cette vie, de disposer de revenus, monétaires notamment, plus élevés, et de s'offrir ces biens et services, justifie de façon considérable ce déplacement de population essentiellement jeune des zones rurales vers les zones urbaines, entraînant deux phénomènes complémentaires : déficit de la force de travail en zone rurale et excédent de main-d'œuvre en zone urbaine.

En outre, il y a cette mentalité qui considère que le bonheur se trouve en ville idée justifiée par le fait que les jeunes urbains qui viennent passer leurs vacances au village avec des valises pleines de vêtements, créant ainsi l'envie chez ceux qui sont restés et débouchant sur la considération du travail de la terre comme dévalorisant.

L'on peut mentionner aujourd'hui, le problème de la terre. En effet, les terres deviennent rares, sinon très éloignées des villages, ce qui conduit les jeunes à "s'évader" vers la ville.

La rareté de la terre provient en partie du système de culture extensif principalement, et en partie de la croissance démographique, et du régime foncier.

Enfin, l'on doit noter la part prépondérante de l'école dans cette situation. En fait, elle ne prépare pas les individus notamment les jeunes au travail de la terre ou à vivre au village, à la connaître et à l'aimer. Entre les cours qu'ils reçoivent et la vie quotidienne de leurs parents il existe deux mondes. L'enfant à l'issue de ces études (succès ou pas) cherchera à joindre la ville dont il a une image à travers l'enseignement reçu.

On s'aperçoit donc qu'il ne suffira pas de créer des emplois en zone rurale pour maintenir les jeunes ou les y faire retourner, mais les actions touchent â la fois les mentalités, l'accès à la terre, le système de production technique, l'école, etc.

4.4.2.2. Distorsions d'ordre conjoncturel

Les effets de la crise sur le monde du travail s'articulent autour de deux points :

- d'abord, les fins de chantier ou les cessations d'activité (totales ou potentielles) des entreprises, conduisent à accroître le volume des chômeurs ;
- ensuite, le ralentissement des investissements publics et / ou privés n'est pas propre à favoriser la création de nouveaux emplois.

Le quinquennat 81/85 a été marqué par la crise économique qui s'est répercutée de façon négative sur l'emploi avec un rythme moyen d'accroissement annuel d'environ -3 % de son volume au niveau du secteur moderne (cf. situation de l'emploi).

Cette dégradation de l'emploi s'est concrètement traduite par :

- un accroissement rapide des compressions de personnel ;
- une baisse tendancielle des offres d'emploi ;
- un "chômage" intellectuel inquiétant.

Accroissement rapide des compressions de personnel

Les raisons principales invoquées sont soit les fermetures d'établissements ou de chantiers, soit les baisses d'activités.

Une analyse approfondie des dossiers de compression permet de dégager deux types de facteurs au niveau des entreprises.

Facteurs d'origines exogènes, il s'agit de :

- baisse d'activité, hausse des coûts et charges d'exploitation, difficultés de trésorerie
- fin de chantiers consécutifs à la crise du bâtiment et travaux public, occasionnée par la baisse des investissements de l'Etat (mesures d'assainissement économiques) ;
- sécheresse sévère ;
- crise énergétique dès le quatrième trimestre 1983 avec les délestages fréquents.

Facteurs d'origines endogènes

- restructuration et nouvelle orientation ;
- sous-emploi des facteurs formation et qualification insuffisantes du personnel, innovation technologique *;*
- faible productivité du personnel.

Baisse tendancielle des offres d'emploi

Depuis 1980, on assiste à une baisse des offres d'emploi suivant un rythme moyen annuel de 20 %. Cette situation provient de la baisse d'activité occasionnée par la crise économique. D'autre part, l'on observe que même des filières dites techniques ne sont pas systématiquement à l'abri du " chômage".

On arrive à une saturation dans les emplois de type tertiaire (administration, commerce etc. ...) même déjà au niveau des métiers de saisie informatique avec le développement la micro-informatique.

Chômage intellectuel

En fait, le *« chômage intellectuel »* est un terme pour désigner les individus à la recherche d'un emploi (premier emploi ou ayant déjà exercé) de formation universitaire équivalent au moins à la licence.

Il a été un temps où le besoin de diplômés d'enseignement supérieur s'est fait énormément sentir ce qui a même justifié dans une large mesure la coopération et l'assistance technique.

Aujourd'hui, avec la crise de l'emploi on se trouve en face de nombreux diplômés issus de l'université ou des grandes écoles passer des mois au service de placement de l'OMOCI ou dans les cabinets des directeurs de sociétés à la recherche d'un emploi.

Certes, même si l'on ne sous-estime pas le caractère conjoncturel de la situation, c'est en fait le résultat de la politique d'éducation et des limites du système de planification des ressources humaines que la crise n'a fait que relever.

L'université sans doute, forme dans le but de dispenser un savoir, mais l'individu qui l'acquiert va toujours chercher à l'utiliser donc à s'occuper, c'est à dire à s'intégrer, notamment par le biais du travail, dans la vie sociale que ce soit vers la fonction publique, la carrière enseignante ou de chercheur soit dans le secteur privé ; ce qui veut dire qu'à terme il se pose toujours un problème d'emploi pour le diplômé de l'université.
Les diplômés de grandes écoles n'y échappent pas non plus, par exemple les Ingénieurs chimistes éprouvent de nombreuses difficultés à se placer.

4.5. Synthèse du marché de l'emploi

La conjugaison de ces deux phénomènes structurel et conjoncturel conduit à une dégradation permanente du marché de l'emploi. La diminution du volume des offres d'emplois, l'augmentation des demandeurs inscrits sans formation, expérience et qualification professionnelles et pas conformes aux besoins exprimés par les entreprises. Par ailleurs on assiste à la baisse du volume des offres d'emplois et des placements, qui traduisent effectivement cette compression du marché du travail.

4.5.1. Le système d'embauche

Le système d'embauche est règlementé à travers les textes en vigueur (le code du travail et la convention collective).

Les services de l'emploi, notamment l'OMOCI et les Inspections du travail ont en charge l'exécution et le contrôle de cette règlementation d'embauche.

Situation de monopole

L'OMOCI sur ce point a le monopole du placement en Côte d'Ivoire. Ce qui signifie que tout employeur désireux de recruter du personnel doit faire connaître ses besoins à l'OMOCI qui est seul habileté à lui proposer des candidats. Cette opération déclenche l'envoi à l'OMOCI des offres d'emploi des entreprises et impose à la main-d'œuvre de s'inscrire à l'Office comme demandeurs d'emploi.

L'OMOCI joue donc le rôle d'intermédiaire, de régulateur, du marché. Mais nous savons que cette situation de monopole n'est pas respectée aussi bien par les demandeurs d'emploi et les entreprises qui n'hésitent pas très souvent à faire de l'embauche directe pour une raison ou une autre.

Ainsi, nous estimons que seulement 40 % des offres passent par l'OMOCI, le reste étant réparti entre les recrutements directs et les cabinets privés.

Du côté de la demande à peine 15 % des chômeurs transitent par l'OMOCI qui exclut l'enregistrement des non Ivoiriens.
Voilà déjà posé le problème auquel nous sommes confrontés : la satisfaction de la demande d'emploi, et des besoins des employeurs.

De l'enregistrement du demandeur à son embauche

Selon son niveau de formation, son expérience professionnelle et son lieu d'habitation le postulant à un emploi se fera inscrire à l'Antenne spécialisée pour les diplômés de l'enseignement technique il s'agit de la section spécialisée située à Adjamé.

Une carte est délivrée à l'intéressé après son inscription et celui-ci devra chaque mois jusqu'à son placement se faire "pointer" pour mettre sa carte à jour et la maintenir ainsi valide sinon, il se verra simplement et purement radié.

Cette carte est également une source d'information pour identifier le demandeur, situer son niveau de formation, son expérience, le métier à postuler etc...

Elle permet surtout de faire les rapprochements avec les offres d'emploi qui seront déposées par les entreprises.

Le souci est de pouvoir parvenir à l'adéquation demande/offre, ou formation/emploi. Les candidats ne sont mis que sur les offres dont le profil correspond à leur formation et métier, sollicité.

Après ce rapprochement si l'on dénombre plusieurs candidats pour le même poste, un test de sélection psychotechnique) est fait en vue d'envoyer en entreprise le nombre de candidats sollicités par l'employeur à partir desquels il choisira.

Lorsque le candidat est retenu après sa mise en relation qui fait l'objet d'une fiche blanche (ou carte blanche), celui-ci peut être mis en période d'essai. Cette période est ainsi libellée par la convention collective :

- Ouvriers et employés : 8 jours pour les travailleurs payés à l'heure
  1 mois pour les travailleurs payés au mois.
- Agents de maîtrise, techniciens et assimilés : 2 mois
- Ingénieurs, cadres et assimilés : 3 mois
- Cadres supérieurs : 6 mois

Ces délais ne sont renouvelables qu'une seule fois pendant la période d'essai, le travailleur doit recevoir au moins le salaire minimum de la catégorie professionnelle dont relève l'emploi à pourvoir. Tout ceci doit être notifié obligatoirement par écrit.

Pendant cette période, les parties peuvent rompre le contrat sans indemnité, ni préavis (sauf si la période est renouvelé ou le travailleur déplacé).

L'engagement définitif (contrat de travail)

L'employeur doit spécifier par écrit au travailleur : l'emploi, la catégorie, la rémunératoire, ainsi que les autres avantages et contraintes éventuels. Le travailleur devra le contresigner s'il accepte et les conditions ne sauraient être avantageuses que celles de la période d'essai. Ce contrat peut être à durée déterminée ou indéterminée.

Le niveau de salaire doit tenir compte du minimum fixé par les commissions mixtes paritaires dont le dernier réaménagement est intervenu en Janvier 1986, alors que le SMIG n'a subi aucune augmentation depuis 1982 (33 279 F CFA).

La rupture du contrat de travail

Elle doit être précisée à l'autre partie par celle qui décide de la rupture. En cas de rupture par l'employeur sauf en cas de faute lourde ou de situation spécifique, le travailleur bénéficiera de ses droits à savoir :

- indemnités de préavis et de congés payés ;
- indemnités de licenciement.

L'employeur s'y refusant peut faire l'objet d'une convocation à l'inspection du travail.

La durée du préavis dépend de la catégorie, l'ancienneté dans l'établissement. Le travailleur peut ainsi bénéficier des jours dans la semaine pour la recherche d'un autre emploi.

Lorsqu'il y a licenciement collectif, les critères de licenciement doivent tenir compte des qualités professionnelles, de l'ancienneté dans l'établissement et des charges familiales.

L'indemnité de licenciement est fonction du salaire global et de l'ancienneté du travailleur dans l'établissement.
À son départ, le travailleur licencié doit obtenir de son employeur un certificat de travail faisant mention de :

- nom et adresse de l'employeur ;
- dates d'entrée et de sortie de l'entreprise ;
- nature des emplois occupés avec la catégorie, correspondante.

4.5.2. Place du diplôme

Aujourd'hui, avec la montée du chômage intellectuel, le diplôme ne constitue plus de garantie sûre pour l'embauche et la promotion.

La conception et la place du diplôme ont largement évolué dans l'esprit de l'employeur, seule la Fonction Publique donne la priorité au diplôme dans le recrutement, voire la promotion.

En effet, le syndrome du diplôme est né du système éducatif hérité de la colonisation qui privilégie l'enseignement général, et l'obtention de diplôme ou permettant de postuler des emplois dans l'administration sans difficulté.

Jusqu'au début et au milieu des années 70, ceux qui se destinaient à l'enseignement technique ou la formation professionnelle étaient considérés comme désidératas de l'enseignement général. De plus, les métiers sur lesquels il débouchait (mécanique, électricité, hôtellerie, etc.) ne jouissaient pas d'une bonne réputation car considérés comme dégradants, dévalorisants, salissants alors que l'administration offrait des emplois de bureau et de prestige.

Le développement rapide de l'enseignement technique et de la formation professionnelle n'a pas pour autant réglé les problèmes, puisque l'enseignement dispensé prédestine les futurs diplômés à s'orienter dans le salariat et être employé, mais pas dans l'entreprenariat.

Aujourd'hui, les emplois sont rares dans le secteur moderne. La fonction publique recrute de moins en moins, les salaires stagnent et sont érodés par le coût de la vie, alors que le secteur privé compresse et la sélection devient plus rigoureuse.

Le diplôme n'est plus la seule référence, une enquête que nous avons menée auprès des entreprises indique que les critères d'embauche sont suivants :

- 1er Qualifications
- 2^{ème}Expérience et seulement en
- 3ème position le diplôme.

En ce qui concerne la promotion interne, le classement est le suivant :

- 1er, la compétence,
- 2ème l'ancienneté,
- et 3ème le diplôme.

Il faut par conséquent que les jeunes diplômés s'adaptent à la situation à savoir :

- se rendre compte qu'ils sont nombreux pour de moins en moins d'emplois ;
- le secteur moderne est en perte de vitesse ;
- l'attitude d'employer doit céder à celle de créateur d'entreprise (PME, secteur informel et rural) ;
- le diplôme n'est plus le critère principal d'embauche être moins exigeant sur le plan des salaires et donner la priorité à l'expérience et la formation en entreprise.

En même temps, il est recommandé beaucoup de souplesse et de compréhension de la part des employeurs notamment continuer à recevoir des stagiaires pour parfaire la formation des futurs diplômés, et être moins exigeants sur l'expérience qui ne peut être acquise qu'en entreprise.

Voici les principales conclusions de l'analyse du marché de l'emploi :

- le chômage est une réalité préoccupante et interpellera tous les agents économiques décideurs ou non pendant plusieurs années encore ;
- la promotion de l'emploi rural, du secteur informel et des PME sont les issues possibles pour l'atténuer avec une action en profondeur de réforme du système éducatif ;

- l'attitude de compter sur soi, de promouvoir l'auto emploi, d'engager des initiatives individuelles doit se substituer à celle de demandeur d'emploi salarié attendant un poste en vain ;
- le diplôme est certainement nécessaire mais, il n'est plus le moyen sûr de parvenir à un emploi ;
- les entreprises doivent poursuivre leurs efforts de formation et d'embauche des jeunes parce que la situation de l'emploi l'exige aujourd'hui plus qu'hier, et ces jeunes ont besoin d'expérience professionnelle.

4.5.3. Problématique des conditions de travail

Cadre légal

Les principaux textes réglementant le travail à savoir le code du travail et la convention collective sont orientés vers le secteur moderne de l'économie. La crise de l'emploi durant ces dernières années est un élément incitateur pour l'adaptation de ces textes à la situation économique.

Dans le cadre des compressions de personnel l'on peut imaginer un renforcement de la formation du personnel des corps du travail et des lois sociales dans les disciplines comptable et analyse financière en vue de mieux apprécier la situation économique et financière des entreprises qui licencient sous la raison de difficultés de trésorerie.

Par ailleurs, il faudrait parvenir à une harmonisation de l'ensemble des textes qui de près ou de loin touchent au travail, quel que soit le secteur d'activité.

Activités d'inspection

Les principaux problèmes au niveau des activités d'inspection du travail résident dans les ressources très limitées qui ne permettent pas d'acquérir des moyens d'investigations, de maintenir le personnel technique voire de disposer de locaux fonctionnels. La direction de l'emploi met en place actuellement un système de suivi des activités d'Inspection : litiges et conflits, accidents du travail, compressions et licenciements.

La médecine du travail

Les problèmes rencontrés à ce niveau portent sur la formation du personnel technique qualifié (médecins spécialisés, inspecteurs sanitaires, etc.), les conditions d'exercice du service de l'inspection médecine.

La formation de personnel technique qualifié

Médecins spécialisés en médecine du travail, inspecteurs sanitaires (OMS), hygiénistes industriels, ergonomes, statisticiens ayant des connaissances en informatique, ingénieurs de sécurité, psychologues, sociologues épidémiologistes, secrétaires médicales etc. constituent dans les pays industrialisés l'équipe multidisciplinaire jugée de plus en plus indispensable à l'exécution d'une bonne politique nationale d'amélioration des conditions de travail et de prévention des risques professionnels.
En Côte d'Ivoire, vu le niveau de développement de l'industrie et de sa complexité quant aux risques professionnels rencontrés, il serait souhaitable que la formation des hommes tende vers cet idéal de façon progressive.
Dans les entreprises à gros risques professionnels, là encore, il faut disposer de moyens importants.

Tableau 10 : Répartition des litiges et conflits enregistrés dans la période 1980-1984 à Abidjan et à l'intérieur du pays.

Années	**1980**	**1981**	**1982**	**1983**	**1984**
Services d'Abidjan	3628	4312	3980	4520	2179
Services de l'intérieur	1977	1832	2105	2031	1297
TOTAL	**5605**	**6144**	**6085**	**6551**	**3476**

Source : MTIC

Tableau 11 : Structure des litiges et conflits enregistrés dans la période 1980-1984 à Abidjan et à l'intérieur du pays en %

Années	1980	1981	1982	1983	1984
Services d'Abidjan	64,7	70,2	65,4	69,0	62,7
Services de l'intérieur	35,3	29,8	34,6	31,0	37,3
TOTAL	**100,0**	**100,0**	**100,0**	**100,0**	**100,0**

Source : MTIC

Tableau 12 : Litiges adressés aux tribunaux, conciliés ou en instance 1980-1983

Années	1980	1981	1982	1983
Adressés aux tribunaux	1047	1059	906	894
Conseillés ou classées	4417	5236	5110	5392
En instance	587	234	272	526
TOTAL	**6051**	**6529**	**6288**	**6812**

Source : MTIC

Tableau 13: Structures des litiges adressés aux tribunaux, conciliés ou en instance 1980-1983 en %

Années	1980	1981	1982	1983
Adressés aux tribunaux	17,3	16,2	14,4	13,1
Conseillés ou classées	73,0	80,2	81,3	79,2
En instance	9,7	3,6	4,3	7,7
TOTAL	**100**	**100**	**100**	**100**

Source : MTCI

Tableau 14: Répartition des compressions entre agents d'encadrement et agents d'exécution 1982-1984

Années	**1982**	**1983**	**1984**
Agents d'encadrement	221	605	526
Agents d'exécution	5131	6469	5181
TOTAL	**5352**	**7074**	**5707**

Source : MTIC

Tableau 15: Structure des compressions entre agents d'encadrement et agents d'exécution 1982-1984 en %

Années	**1982**	**1983**	**1984**
Services d'Abidjan	4,13	8,55	9,22
Services de l'intérieur	95,87	91,45	90,78
TOTAL	**100**	**100**	**100**

Source : MTIC

V. EMPLOI ET PRODUCTION

Mettre en place une politique de l'emploi n'est possible que si l'on arrive, à cerner les différentes variables pouvant expliquer le niveau de l'emploi et situer l'état des effectifs, surtout lorsque la plupart des informations statistiques concernant le sujet sont connues avec un retard. Cela contraint ainsi toute possibilité d'ajuster les politiques en fonction de la conjoncture.

Par ailleurs, il ne suffit pas de connaître l'état actuel de l'emploi et de se limiter à dégager les variables explicatives, mais il est souhaitable de réaliser des prévisions, à partir par exemple de la connaissance passée, présente ou future de l'état des variables explicatives. Ces prévisions permettraient non seulement un réajustement des politiques mais également d'être une source d'information, un garde-fou pour attirer l'attention des hommes de décision.

Pour l'ensemble de ces raisons, il s'agit de :

- mettre en évidence la liaison qui pourrait exister entre l'emploi et la production mesurée ici pour le secteur moderne par le chiffre d'affaires. Ce qui veut dire en claire que la variable chiffre d'affaires est prise comme variable explicative du niveau de l'emploi mesuré à travers le nombre des travailleurs (les effectifs) ; il s'agit d'emplois salariées ici. Le choix du chiffre d'affaires parce que c'est l'une des variables les moins difficiles à mesurer et à obtenir statistiquement d'une part, et elle est significative de l'activité de production d'une unité productrice, d'autre part ;
- dégager du chiffre d'affaires la composante la plus significativement déterminante du niveau des effectifs. Ces composantes sont de trois ordres : la production vendue, les marchandises revendues en l'état, les prestations de service ;
- établir une base pour la prévision de l'emploi à partir de la connaissance du niveau du chiffre d'affaires.

5.1. Le modèle d'analyse

Pour arriver à ces objectifs, une analyse de la liaison entre l'emploi et le chiffre d'affaires est établie par branche selon la nomenclature de la Banque des données financières elle même source principale des informations utilisées[33].

Éléments d'appréciation du degré d'interdépendance

Ces éléments sont relatifs au coefficient de corrélation linéaire (indice compris entre -1 et +1) mesurant le degré de liaison entre les deux variables ; plus ce coefficient est proche de +1 ou -1 plus la liaison est forte). Ces coefficients de corrélations linéaires permettant d'établir l'équation de la liaison économétrique :

$$Eff_t = aCA_t + b \quad (1).$$

Eff_t : Effectif au temps t, variable expliquée.
CA_t: Chiffre d'affaires au temps t, variable explicative, représentant la production.
a : coefficient multiplicateur à rechercher dit *« propension marginale à recruter ».*
b : emploi résiduel

L'on considère comme liaison significative une liaison pour laquelle le coefficient de corrélation est compris entre 0,65 et 1 ou entre -1 et -0,65.

Lorsque le coefficient de corrélation est significatif, c'est-à-dire proche de +1 ou de -1, en d'autres termes quand le lien formel est établi entre l'emploi et le chiffre d'affaires, la "*propension marginale à recruter*", c'est à dire qu'une production supplémentaire de valeur de 1 million FCFA (prix 1975) de chiffre d'affaires (CA) a permis la création (de *a* emploi) supplémentaire. Ainsi, par exemple si *a* = 0,200 on a 1 million de FCFA de chiffre d'affaires supplémentaire prix 1975 induit 0,200 emplois supplémentaire ou 10 millions de F CFA induisent 2 emplois supplémentaires. Si *a* = -0,200 on a 1 million de F CFA de chiffre d'affaires supplémentaire prix 1975 induit une perte de 0,200 emploi i.e 10 millions de F CFA induisent une perte de 2 emplois.

---

[33] Paul Koffi Koffi Emploi et Chiffres d'Affaires dans le secteur moderne privé et parapublic,1986

S'agissant du coefficient *b* l'interprétation est la suivante :

- lorsqu'il est positif, il indique le niveau d'effectif minimal dans la branche ;
- lorsqu'il est négatif il permet de dégager le nombre d'emplois minimal perdu.

Dans cette analyse sectorielle, le degré d'inter- dépendance entre les deux variables selon les trois schémas de figure suivants est mis en évidence par le calcul du coefficient de corrélation comprise entre -1 et + 1 représenté ici par *« r »* liant l'emploi aux chiffres d'affaires, selon l'hypothèse d'un modèle linéaire.

Lorsque *« r »* est supérieur 55% la corrélation existe et est moyenne. Lorsque « r » est supérieur ou égal à 70% on a une corrélation forte et au-delà de 80% elle est très forte. Lorsqu'elle est négative ça veut dire que la corrélation est en sens inverse moyenne, forte et très forte. C'est un choix, une hypothèse de travail que nous allons vérifier :

- l'emploi d'une année donné et est fonction du chiffre d'affaires de la même année t ;

On raisonne dans ce cas sur la base des résultats de la période courante ;

- l'emploi d'une année donnée t est fonction du chiffre d'affaires de l'année antérieure t -1 ; L'emploi d'une année donnée t est expliqué par le chiffre d'affaires de l'année antérieure t -1. La politique de recrutement est fonction des résultats antérieurs. Le passé devient alors la période de la base de la décision ; il
- s'agit d'un modèle de retard. L'équation est la suivante :

$$\mathbf{Eff_t = a\ CA_{t-1} + b} \qquad \mathbf{(2)}$$

- l'emploi d'une année donnée t est fonction du chiffre d'affaires de l'année d'après t +1. L'emploi d'une année donnée t est expliqué par le chiffre d'affaires attendu l'année d'après t+1. La base de la décision d'accroissement des effectifs est le futur. Il s'agit en quelque sorte d'un comportement d'anticipation. L'équation du modèle est la suivante :

$$\mathbf{Eff_t = a\ CA_{t+1} + b} \qquad \mathbf{(3)}$$

Ensuite, l'on dégage la composante du chiffre d'affaires la plus déterminante, selon le cas, du niveau des effectifs à savoir : la production vendue, les marchandises revendues en l'état, les prestations de service.

Enfin, lorsque l'interdépendance est significative, l'équation mettant en évidence est présentée. La liaison fonctionnelle entre les deux variables, et qui sert de même pour la prévision des effectifs par branche, à partir du chiffre d'affaires (courant, antérieur ou anticipé), est établie.

D'autre part, une synthèse et une classification des branches selon le degré d'interdépendance et la *"propension marginale à recruter"* est faite. Ainsi, la variante la plus significative, est indiquée par branche. Une classification ou classement par branches pour chaque variante selon le degré d'interdépendance est réalisé. Lorsqu'il est significatif, un autre classement selon la capacité de créer de l'emploi supplémentaire compte tenu de l'accroissement supplémentaire d'une unité de chiffre d'affaires prix 1975.

5.2. Le champ de l'analyse

L'ensemble de l'analyse porte sur le secteur moderne privé et parapublic. L'analyse va se limiter aux trois secteurs : primaire, secondaire et tertiaire, mais hors agriculture et élevage. Voir en annexe pour apprécier les commentaires et résultats sur le modèle[34].

Le secteur primaire agricole a été exclu compte tenu de l'insuffisance des informations et de la part très importante du personnel saisonnier qui fait que l'emploi qui est un stock en fin d'exercice peut se voir soit grandi ou affaibli et ne pas être en rapport avec le chiffre d'affaires qui lui est un flux annuel.
S'il s'avère que le coefficient de corrélation qui mesure le degré d'interdépendance entre les deux variables est significatif i.e proche de 1 ou de -l, dans chaque cas de figure, on reporte l'équation fonctionnelle entre les deux variables.

[34] Annexe : Modèle d'analyse sur l'emploi et le chiffre d'affaires.

Celle-ci sert en même temps pour la prévision de l'emploi dans la branche sous l'hypothèse de stabilité de la liaison. En fait lorsque le degré d'interdépendance est élevé dans les trois cas de figure, il est possible pour cette branche d'établir une prévision des effectifs selon ces trois variantes (chiffre d'affaires de l'année courante, de l'année antérieure, ou attendu l'année d'après).

Il s'agit des secteurs primaire (hors agriculture, élevage et pêche mais mines), secondaire et tertiaire sur la base de modèle économétrique simple de régression linéaire où le coefficient de corrélation entre l'emploi variable expliquée et le chiffre d'affaires variable explicative sous trois hypothèses : emploi et chiffre d'affaires courants, emploi courant et chiffre d'affaires de l'année antérieure (modèle retard) ou emploi courant et chiffre d'affaire de l'année d'après (modèle d'anticipation).

Le secteur primaire comprend :

- les minéraux et extraction de minerais ; branche 05.

Le secteur secondaire comprend :

- les activités de transformations proprement dite ; branche 06 à 23 ;
- le bâtiment et les travaux publics : branche 24.

Le secteur tertiaire comprend :

L'administration publique ;

Les banques, les établissements financiers et les assurances

Les autres services

Les données proviennent de la Banque des données financières.

5.3. Résultats[35]

Les résultats de l'analyse de corrélation figurent en annexe pour plus de détails.

[35] Annexe sur le modèle d'analyse emploi et chiffre d'affaires

5.3.1.Secteur primaire

Branche 0500 : Extraction de minerais et minéraux

i) Variante 1: Liaison chiffre d'affaires de l'année t et emploi de l'année t

On observe ceci : r le coefficient de corrélation entre les deux variables est relativement élevé (r = -0,61) ; la négativité du signe de la corrélation. CA sera le chiffre d'affaires.

Ce qui signifie que le recrutement ou le licenciement dans les mines pour une année donnée est fonction du chiffre d'affaires de la même année.

Mais la négativité du signe de la corrélation indique une évolution des deux variables en sens contraire. Ainsi un bon chiffre d'affaires n'agit pas à la hausse sur les effectifs. Il faut dire que la forte mécanisation dans cette branche (l'exploitation pétrolière notamment) doit y être pour quelque chose.

La composante du CA ayant le plus d'influence sur l'emploi est la prestation de service
(r = -0,71)

L'équation du modèle est ainsi libellée :

$$\mathbf{Eff_t = -0{,}003\ CA_t + 894{,}031 \qquad (avec\ r = -0{,}608)}$$

ii) Variante 2: Liaison entre le chiffre d'affaires de l'année t-1 et emploi de l'année t

Le niveau de corrélation (r = -0,47) est peu significatif. On en déduit que la politique d'emploi notamment le recrutement ou la diminution du personnel est peu liée au résultat de l'exercice antérieur. L'hypothèse du poids important de la mécanisation (facteur capital) devient de plus en plus vraisemblable. Il s'agit d'un secteur capital intensif.

iii) Variante 3 : Liaison entre le chiffre d'affaires de l'année t+1 et l'emploi de l'année t

Le coefficient de corrélation entre les deux variables est relativement significatif (r = -0,68) ce qui se traduit par une influence certaine du chiffre d'affaires un an après sur l'emploi actuel ; cette liaison est négative compte tenu du signe négatif de la corrélation. Ainsi, un accroissement futur du CA ne suit pas un accroissement des effectifs mais par une baisse même de l'emploi compte tenu du caractère mécanisé du secteur. Encore une fois l'hypothèse de l'influence plus importante du facteur capital devient de plus en plus plausible et doit être exploitée.

L'équation du modèle: $Eff_t = -0{,}004\ CA_{t+1} + 947{,}640$ r = -0,682

La politique d'emploi dans les mines est beaucoup plus liée au CA escompté dans le futur, ou actuel. Mais le fait que cette liaison soit négative et que l'influence du CA antérieur soit faible, il n'est pas risqué d'émettre l'hypothèse de l'existence d'autres facteurs déterminants pour l'activité de la branche comme le facteur capital lié à une mécanisation poussée de plus en plus dans cette branche.

5.3.2. Secteur secondaire

Branche 06.00 : Travail de grains et farine

i) Variante 1: Liaison chiffre d'affaires et emploi de l'année t

Le coefficient de corrélation est relativement élevé (r = 0,79). Ce qui signifie que le niveau de l'emploi d'une année donnée est fonction du chiffre d'affaires de la même année. Ainsi lorsque le chiffre d'affaires augmente (respectivement diminue) les effectifs augmentent (respectivement diminuent)

La composante du CA la plus influente sur les effectifs est la production vendue (r = 0,77).

L'équation du modèle mettant en relation les effectifs et le CA est ainsi libellée :

$$Eff_t = 0{,}338\ CA_t - 2281{,}170 \qquad (r = 0{,}79)$$

ii) Variante 2 : Liaison chiffre d'affaires de l'année t-1 et emploi de l'année t.

Le coefficient de corrélation entre les deux variables se situe à un niveau moyen (r = 0,50). Ce qui signifie que l'impact du chiffre d'affaires réalisé l'année précédente sur l'emploi de l'année actuelle est moyen également.

iii) Variante 3: Liaison chiffre d'affaires de l'année t+l et l'emploi de l'année t

Le coefficient de corrélation entre les deux variables n'est pas suffisamment significatif (r = 0,43). On en déduit donc que l'impact du chiffre d'affaires escompté sur la politique de l'emploi dans la branche 0600 est faible.

On note qu'au niveau de la branche "travail des grains et farine", s'agissant de l'impact du chiffre d'affaires sur l'emploi, seul le chiffre d'affaires de l'année a une influence sensible sur la politique d'emploi de la même année. La production vendue est la composante la plus déterminante pour le niveau de l'emploi.

Branche 0700 : Industrie de conservation et de préparation Alimentaire

i) Variante 1 : Liaison chiffre d'affaires t emploi de la même année t

On observe que le coefficient de corrélation entre les deux variables est peu significatif (r = 0,30). Contrairement au travail des grains et farine, le chiffre d'affaires d'une année donnée, dans la conservation et la préparation alimentaire, a peu d'impact sur la définition de la politique de recrutement ou licenciement de la même année.

ii) Variante 2: Liaison chiffre d'affaires de l'année t-1 et l'emploi de l'année t

Dans cette variante le coefficient de corrélation est encore plus bas (r = 0,15). On aboutit à la même conclusion que dans la variante 1. Cette faiblesse de la liaison entre les deux variables a sans doute pour origine la mécanisation poussée de la production.

iii) Variante 3 : Liaison chiffre d'affaires année t+l et emploi année t

A nouveau on remarque un faible niveau du coefficient de corrélation (r = 0,47). La politique de recrutement ou licenciement est peu fonction du CA escompté.

En définitive on observe que quelle que soit la variante, l'emploi est peu fonction du chiffre d'affaires dans la conservation et préparation alimentaire cela ayant sans doute pour origine un haut degré de mécanisation (facteur capital) dans la branche.

La production vendue est la composante principale du CA influençant le niveau de l'emploi.

Branche 0800 : Fabrication de boissons et glace alimentaires

i) Variante 1 : Liaison chiffre d'affaires de l'année t et emploi de l'année t

Le coefficient de corrélation entre les deux variables est très élevé (r = 0,98). Ce qui indique une forte liaison entre les deux variables. On peut donc dire que l'emploi d'une année donnée est dépendant du niveau du chiffre d'affaires de la même année.

La composante du chiffre d'affaires la plus déterminante pour l'emploi est la production vendue (r = 0,98).

L'équation mettant en relation l'effectif et le chiffre d'affaires est la suivante :

$$\mathbf{Eff_t = 0,174\ CA_t - 177,897} \qquad \mathbf{(r = 0,979)}$$

ii) Variante 2 : Liaison chiffre d'affaires de l'année t-1 et emploi de l'année t

Dans cette variante, comme dans la variante 1, la corrélation (r=0,96) est très forte entre l'emploi et le chiffre d'affaires. Il s'en suit que l'accroissement des effectifs pour l'année donnée est grandement fonction du niveau du chiffre d'affaires réalisé l'année précédente.

A nouveau la composante du chiffre d'affaires ayant le plus d'impact sur l'emploi est la production vendue (r = 0,95). L'équation de la variante 2 du modèle est ainsi libellée

$$\mathbf{Eff_t = 0,159\ CA_{t-1} + 292,365} \qquad \mathbf{(r = 0,957)}$$

iii) Variante 3 : Liaison chiffre d'affaires de l'année t +1 et emploi de l'année t

Le coefficient de corrélation, quoique à un degré moindre, demeure élevé (r = 0,88). On en déduit comme dans les autres variantes, qu'il existe une liaison de dépendance poussée entre l'emploi et le chiffre d'affaires. Ainsi dans la variante 3, on note que le recrutement ou le licenciement d'effectifs pour une année donnée est fonction du niveau du chiffre d'affaires escompté pour l'année future.

La composante la plus influente du CA sur l'emploi demeure la production vendue (r = 0,90).

L'équation du modèle est ainsi libellée:

$$\mathbf{Eff_t = 0,182\ CA_{t+1} - 592,717} \qquad \mathbf{(r = 0,877).}$$

Au niveau de la branche 0800 relative à la fabrication de boissons et glace alimentaires, le niveau des effectifs est largement fonction du niveau du chiffre d'affaires quelle que soit la variante considérée.

Cette liaison demeure plus poussée au niveau des variables relatives à une même année, puis entre le chiffre d'affaires d'hier et l'emploi d'aujourd'hui.

Quel que soit le cas, la composante du chiffre d'affaires la plus influente sur l'emploi est la production vendue.

Branche 0900: Industrie de corps gras-alimentaires.

i) Variante1: Liaison chiffre d'affaires de l'année t et emploi de l'année t

Le coefficient de corrélation entre les deux variables se situe à un niveau sensiblement moyen (r = 0,56). On en déduit donc l'existence d'une liaison moyenne entre l'emploi d'une année donnée et le chiffre d'affaires de la même année.

La composante du CA la plus influente sur l'emploi est la production vendue (r = 0,64). L'équation du modèle est la suivante :

$$\mathbf{Eff_t = 0,108\ CA_t + 11731,510 \qquad (r = 0,561)}$$

ii) Variante 2 : Liaison chiffre d'affaires (CA) de l'année t -1 et emploi de l'année t

Le coefficient de corrélation est faible (r = 0,06) et par conséquent peu significatif.

Le chiffre d'affaires de l'année antérieure a peu d'influence sur l'emploi de l'année considérée.

iii) Variante 3: Liaison chiffre d'affaires de l'année t +1 et emploi de l'année t

Contrairement à la variante 2, le coefficient de corrélation est très élevé (r = 0,95). Ce qui signifie que la politique d'accroissement de l'effectif de l'année est fonction du chiffre d'affaires attendu de l'année d'après.

La composante du CA la plus influente sur l'emploi est la production vendue (r = 0,94).
Ainsi, l'équation du modèle mettant en relation l'effectif de l'année t et le chiffre d'affaires attendu l'année t +1 est la suivante :

$$\mathbf{Eff_t = 0{,}205\ CA_{t+1} + 8459{,}627 \qquad (r = 0{,}949).}$$

En définitive, on note que la politique de recrutement d'une année, dans la branche des industries de corps gras alimentaires est fonction du niveau du chiffre d'affaires attendu l'année d'après avec une forte influence de la composante production vendue.

Branche 10.00: Autres industries alimentaires – Tabac

i) Variante1: Liaison chiffre d'affaire de l'année t et emploi de l'année t

Le coefficient de corrélation entre les deux variables est élevé (r = 0,82) d'où l'existence d'une forte dépendance entre l'emploi et le chiffre d'affaires (CA) de la même année.

Ainsi, un accroissement (respectivement une diminution) du chiffre d'affaires se traduit par un accroissement (respectivement une diminution) de l'effectif.

La composante la plus influente du CA sur les effectifs est la production vendue (r = 0,83).

La liaison entre les deux variables est traduite à l'aide de l'équation suivante:

$$\mathbf{Eff_t = 0{,}440\ CA_t - 390{,}704 \qquad (r = 0{,}818).}$$

ii) Variante 2: Liaison chiffre d'affaires de l'année t -1 et emploi de l'année t

Le coefficient de corrélation entre les deux variables se situe pratiquement au même niveau que celui observé dans la variante 1 (r = 0,84).

On tire la même conclusion que dans la variante 1 à la différence qu'ici il s'agit du chiffre d'affaires antérieur et de l'emploi actuel.

On observe que contrairement à la variante 2 la composante ayant le plus d'impact est la prestation de service (r = 0,99)

La liaison entre les deux variables est mise en évidence par l'équation suivante:

$Eff_t = 0,516\ CA_{t-1} + 762,024$ (r = 0,844)

iii) Variante 3 : Liaison chiffre d'affaires de l'année t +1 et emploi de l'année t

Le coefficient de corrélation est très élevé entre les deux variables (r = 0,98). Le niveau de recrutement d'une année donnée est largement fonction du niveau du chiffre d'affaires attendu l'année d'après.

La production vendue est la composante du chiffre d'affaires la plus influente sur l'emploi.

L'équation de liaison entre les deux variables est la suivante :

$Eff_t = 0,483\ CA_{t+1} - 2672,777$ (r = 0,98)

Quelle que soit la variante étudiée, l'emploi est largement fonction du niveau du chiffre d'affaires.

Plus spécifiquement on note que le chiffre d'affaires attendu l'année d'après à le plus d'impact sur le niveau des effectifs de l'année d'étude, avec la production vendue comme composante la plus influente.

Branche 11. 00 : Industrie textile et habillement

i) Variante 1: Liaison chiffre d'affaires et emploi de l'année t

Le coefficient de corrélation est suffisamment élevé pour être significatif (r = 0,73). Il s'ensuit que le niveau de recrutement d'une année donnée est fonction du niveau du chiffre d'affaires de ladite année.

La production vendue est la composante du chiffre d'affaires la plus influente sur le niveau de l'emploi (r = 0,73).

L'équation mettant en liaison le chiffre d'affaires et les effectifs de la même année est la suivante :

$$\mathbf{Eff_t = 0{,}108\ CA_t + 6439{,}942 \qquad (r = 0{,}73)}$$

ii) Variante 2: Liaison chiffre d'affaires de l'année t -1 et emploi de l'année t

Contrairement à la variante 1, le coefficient de corrélation entre les deux variables est peu significatif (r = 0,33). On en déduit donc une faible liaison entre le chiffre d'affaires de l'année antérieure et l'emploi d'année actuelle

iii) Variante 3 : Liaison chiffre d'affaires de l'année t +1 et emploi de l'année t

Par contre dans cette variante le coefficient de corrélation est suffisamment élevé pour être significatif (r = 0,89). Ainsi, un accroissement du chiffre d'affaires attendu l'année prochaine (respectivement une diminution) se traduit aujourd'hui par un accroissement des effectifs (respectivement une diminution).

La composante du chiffre d'affaires la plus influente sur les effectifs est la production vendue (r = 0,89).

L'équation mise en évidence, traduisant la liaison entre le chiffre d'affaires de l'année t+1 et l'effectif de l'année t, est ainsi énoncée :

$$\mathbf{Eff_t = 0{,}166\ CA_t + 3842{,}007 \qquad (r = 0{,}89)}$$

En définitive, on note que la politique d'accroissement (respectivement réduction) des effectifs au niveau du textile et de l'habillement, est fonction du niveau du chiffre d'affaires prévu pour l'année à venir. La production vendue en est la composante la plus influente.

Branche 12.00: Industrie du cuir et des Articles chaussants

i) Variante 1: Liaison chiffre d'affaires de l'année t et emploi de l'année t

Le coefficient de corrélation est très significatif (r = 0,93). Ainsi le niveau du recrutement en personnel d'une année donnée est fonction du niveau du chiffre d'affaires de la même année.

La production vendue est la composante du chiffre d'affaires la plus influente sur le niveau de l'emploi (r = 0,91).

L'équation indiquant la liaison entre l'effectif et le chiffre d'affaires de la même année t est la suivante :

$$\mathbf{Eff_t = 0{,}165\ CA_t + 243{,}472 \qquad (r = 0{,}93).}$$

ii) Variante 2: Liaison chiffre d'affaires de l'année t - 1 et emploi de l'année t

Contrairement à la variante 1, le coefficient de corrélation est bas et donc peu significatif (r = 0,48). Il s'en suit une liaison fonctionnelle bien faible entre le chiffre d'affaires de l'année t - 1 et l'emploi de l'année t.

iii) Variante 3: Liaison chiffre d'affaires de l'année t+1 et emploi de l'année t

Le coefficient de corrélation entre les deux variables est très significatif (r = 0,85). Le niveau de l'emploi d'une année est largement dépendant du niveau du chiffre d'affaires attendu l'année d'après. Ainsi un chiffre d'affaires prévu à la hausse (respectivement à la baisse) implique une hausse des effectifs (respectivement une baisse).

La production vendue est à nouveau la composante la plus influente du niveau des effectifs (r = 0,87).

Ainsi l'équation traduisant la liaison entre les deux variables est la suivante :

$$Eff_t = 0,162\ CA_{t+1} + 221,854 \qquad (r = 0,85).$$

En définitive, en dehors de la variante 2 (chiffre d'affaires année antérieure, et emploi année étudiée), une liaison fonctionnelle est établie entre l'emploi et le chiffre d'affaires avec une significativité plus grande dans le cadre des deux variables observées la même année.

La production vendue est la composante du CA la plus influente sur l'emploi.

Branche 13.00 : Industrie du Bois

i) Variante1: Liaison chiffre d'affaires et emploi de la même année

On remarque que le coefficient de corrélation entre les deux variables est très faible donc peu significatif (r= 0,15). Dans ces conditions la liaison fonctionnelle linéaire qui lie emploi et chiffre d'affaires de la même année n'est pas évidente.

ii) Variante 2: Liaison chiffre d'affaires de l'année t -1 et emploi de l'année t

Le coefficient de corrélation est significatif (r = -0,73), mais se particularise par sa négativité. Ainsi, un accroissement du chiffre d'affaires l'année d'avant (respectivement une baisse) se traduit l'année suivante par un baisse (respectivement un accroissement' des effectifs. On est tenté de dire que le facteur capital occupe une place importante dans cette branche, vu son degré relativement élevé de mécanisation, facteur qui expliquerait sans doute aussi la faible corrélation entre les deux variables au même temps t (variante 1)

La production vendue est la composante du CA la plus influente du niveau de l'emploi.

L'équation de liaison entre les deux variables est ainsi libellée :

Eff_t = -0,192 CA_{t-1} + 12598,746 **(r = -0,73)**

iii) Variante 3: Liaison chiffre d'affaires de l'année t +1 et emploi de l'année t

Le coefficient de corrélation est comme dans la variante 2 significatif {r = 0,68' à la différence qu'il est de signe positif. Ce qui signifie que la liaison fonctionnelle linéaire est établie d'une part, et que les deux variables évoluent dans le même sens d'autre part.

Les prestations de services malgré leur part en volume relativement faible dans le chiffre d'affaires (r = 0,72) et la production vendue (r = 0,71) sont les composantes les plus influentes sur l'emploi. L'équation du modèle est ainsi libellée :

Eff_t = 0,235 CA_{t+1} + 3188,063 **(r = 0,68)**

En définitive on note ceci:

- le niveau des effectifs d'une année donnée est fonction de celui du chiffre d'affaires prévu l'année suivante;
- la diversification des activités des industries de cette branche (certaines sont également des entreprises d'exploitation de bois), la sous-évaluation par la centrale des bilans et la mécanisation de plus en plus poussée sont des facteurs réduisant (dans les autres variantes) la liaison fonctionnelle dans un sens positif entre les deux variables.

Branche 14.00: Produits dérivés du Pétrole

i) Variante 1: Liaison chiffre d'affaires de l'année t et emploi de l'année t

Le coefficient de corrélation entre les deux variables est très significatif (r = 0,92). Ainsi, on peut dire qu'une liaison fonctionnelle linéaire est établie entre l'emploi d'une année donnée et le chiffre d'affaires de la même année.

Tout accroissement du chiffre d'affaires (respectivement diminution) se traduit par un accroissement de l'effectif (respectivement diminution).

La production vendue est la composante du CA la plus explicative du niveau de l'emploi (r = 0,88).

L'équation de la variante 1 est ainsi libellée :

$$\mathbf{Eff_t = 0{,}011\ CA_t + 10{,}456 \qquad (r = 0{,}92).}$$

ii) Variante 2 : Liaison chiffre d'affaires de l'année t -1 et emploi de l'année t

Le coefficient de corrélation entre les deux variables est également significatif (r = 0,85) mais à un degré moindre. On tire par conséquent les mêmes conclusions que dans la variante 1 à la différence qu'ici il s'agit de l'emploi d'une année donnée qui est fonction du chiffre d'affaires de l'année précédente.

La production vendue demeure le poste du chiffre d'affaires le plus déterminant pour le niveau de l'emploi (r = 0,83).

L'équation du modèle est ainsi libellée :

$$\mathbf{Eff_t = 0{,}014\ CA_{t-1} + 8{,}0360 \qquad (r = 0{,}85)}$$

iii) Variante 3 : Liaison chiffre d'affaires de l'année t+1 et emploi de l'année t

Le coefficient de corrélation est encore plus significatif (r = 0,98) que dans les deux premières variantes.

On tire les mêmes conclusions que précédemment, à la différence qu'il s'agit ici de l'emploi d'une année donnée qui est expliqué par le chiffre d'affaires escompté l'année d'après.

La production vendue demeure la composante la plus influente sur l'emploi (r = 0,96).

L'équation de liaison entre les deux variables est :

$Eff_t = 0{,}011\ CA_{t+1} - 39{,}040$ (r= 0,98)

Quelle que soit la variante, on note que la liaison fonctionnelle linéaire est très significativement établie entre l'emploi et le chiffre d'affaires, dans la branche des produits dérivés du pétrole, et que cette liaison est plus marquée entre l'emploi d'une année donnée et le chiffre d'affaires de l'année d'après.

La production vendue est la composante du chiffre d'affaires la plus influente du niveau de l'emploi.

Branche 15.00 : Industrie chimique

i) Variante1: Liaison chiffre d'affaires de l'année t et emploi de l'année t

Le coefficient de corrélation entre les deux variables est très significatif (r = 0,90).

Le niveau de recrutement (respectivement des licenciements) d'une année donnée est fonction du niveau du chiffre d'affaires de ladite année.

La composante du CA la plus influente sur le niveau des effectifs est la production vendue (r = 0,87).

Ainsi l'équation du modèle est libellée :

$Eff_t = 0{,}064\ CA_t + 1562{,}344$ (r = 0,895).

ii) Variante 2 : Liaison chiffre d'affaires de l'année t -1 et emploi l'année t

Le coefficient de corrélation est également significatif (r = 0,79).

Les conclusions exprimées dans la variante 1 restent valables mais à la différence qu'ici, est mise en évidence la liaison emploi d'une année donnée et chiffre d'affaires de l'année antérieure.

La production vendue demeure la composante du CA la plus influente sur l'emploi (r = 0,83).

L'équation du modèle est ainsi libellée :

$$\mathbf{Eff_t = 0{,}050\ CA_{t-1} + 1972{,}340} \qquad \mathbf{(r = 0{,}794)}$$

iii) Variante 3 : Liaison chiffre d'affaires de l'année t +1 et emploi de l'année t

Ici par contre le coefficient de corrélation est moins significatif (r = 0,46).La liaison fonctionnelle entre l'emploi d'une année donnée et le chiffre d'affaires escompté l'année d'après n'est pas significative.

En définitive, on note qu'en dehors de la liaison chiffre d'affaires escompté et l'emploi actuel qui n'est pas évidente, les deux variables sont liées fonctionnellement, liaison d'ailleurs très forte lorsqu'elles sont observées sur la même année. Dans ce cas la production vendue est la composante du CA la plus déterminante du niveau des effectifs.

Branche 16.00: Production de caoutchouc et produits en caoutchouc

i) Variante 1: Liaison chiffre d'affaires de l'année t et emploi de l'année t.

Avec un coefficient de corrélation de 0,85, On peut dire que le chiffre d'affaires de l'année t explique le niveau des effectifs dans la branche 16.00, ladite année t.

La composante du CA la plus déterminante sur le niveau de l'emploi est la production vendue (r = 0,84).

La liaison entre les deux variables est exprimée par l'équation suivante :

$$\mathbf{Eff_t = 3{,}040\ CA_t - 5267{,}638 \qquad (r = 0{,}847).}$$

ii) Variante 2: Liaison chiffre d'affaires de l'année t -1 et emploi de l'année t

Le coefficient de corrélation est d'une significativité moindre que dans la variante 1 (r = 0,62)

Le niveau de recrutement d'une année donnée est fonction du chiffre d'affaires de l'année antérieure.

La production vendue est la composante la plus influente du chiffre d'affaires (r = 0,62).
L'équation de liaison entre les deux variables est ainsi libellée :

$$\mathbf{Eff_t = 1{,}901\ CA_{t-1} - 473{,}87 \qquad (r = 0{,}624).}$$

iii) Variante 3 : Liaison chiffre d'affaires de l'année t +1 et emploi de l'année t

Contrairement aux deux autres variantes, le coefficient de corrélation entre les deux variables est peu significatif (r = 0,49).

La liaison fonctionnelle entre l'emploi d'une année donnée et le chiffre d'affaires attendu l'année d'après n'est pas suffisante pour en déduire que le chiffre d'affaires explique le niveau des effectifs.

Comme dans le cadre des industries chimiques, seules les liaisons chiffre d'affaires/ emploi de la même année, et chiffre d'affaires année antérieure/ emploi année étudiée sont suffisamment établies. Elle est plus marquée dans le schéma 011 les deux variables sont observées la même année.

Le chiffre d'affaires escompté au futur a peu d'influence sur le niveau des effectifs.

La production vendue lorsque la liaison est significative est la composante la plus déterminante pour l'emploi.

Il faut noter que cette branche se caractérise par une forme d'activité primaire (production de caoutchouc) et une forme d'activité secondaire (produits en caoutchouc).

Branche 17.00 : Production de matériaux de construction et de verre

i) Variante 1 : Liaison chiffre d'affaires et emploi de la même année

Le coefficient de corrélation n'est pas significatif (r = 0,18) dans ces conditions la recherche d'une liaison fonctionnelle linéaire entre les deux variables est inutile.

ii) Variante 2 : Liaison chiffre d'affaire de l'année t -1 et emploi de l'année t

De même le coefficient de corrélation entre les deux variables est peu significatif (r = -0,21).

Le chiffre d'affaires de l'année t -1 n'explique pas l'emploi de l'année t.

iii) Variante 3 : Liaison chiffre d'affaires de l'année t +1 emploi de l'année t

Le coefficient de corrélation est à nouveau peu significatif (r = 0,38).

Au niveau de la production de matériaux de construction et verre il faut souligner la très faible liaison entre l'emploi et le chiffre d'affaires. Cela a pour origine la forte mécanisation de cette branche.

Branche 18.00 : Première transformation des métaux

L'absence d'information sur la branche ne permet pas une analyse de la liaison chiffre d'affaires/emploi.

Branche 19.00 : Construction et réparation de matériel de transport

i) Variante1: Liaison chiffre d'affaires et emploi de l'année t

Le coefficient de corrélation est très élevé (r = 0,94) Ce qui signifie que le niveau de l'emploi d'une année est très lié au niveau du chiffre d'affaires de la même année.

Cela ne surprend guère dans la mesure où l'activité de construction et surtout de réparation fait largement appel au facteur travail.

Les prestations de services sont la composante du CA la plus influente sur le niveau de l'emploi. En effet l'activité de réparation peut être pratiquement assimilée à une prestation de service.

(r = 0,67).

On obtient l'équation suivante mettant en liaison l'emploi et le chiffre d'affaires de la même année :

$$\mathbf{Eff_t = 0,099\ CA_t + 1205,464 \qquad (r = 0,941)}$$

ii) Variante 2: Liaison chiffre d'affaires de l'année t -1 et emploi de l'année t

Contrairement à la variante 1, le coefficient de corrélation est peu significatif (r = 0,31).

Cette situation s'explique par le caractère particulier de la réparation qui consiste à attendre les "casses" du matériel en circulation, ne privilégiant pas ainsi la prise de décision, notamment en matière d'emploi, sur la base de résultats antérieurs, et certainement futurs, mais quotidiens".

iii) Variante 3: Liaison chiffre d'affaires de' l'année t+1 et emploi de l'année t

A nouveau, comme dans la variante 2, le coefficient de corrélation est faible et donc peu significatif (r = 0,29).

Cette situation s'explique par la raison déjà exposée dans le cadre de la variante 2.

En définitive, on note que seul le chiffre d'affaires d'une année a une influence sur le niveau des effectifs de ladite année, s'agissant de la branche 19.00 (construction et réparation de matériel de transport).

Dans ce cas, les prestations de service sont la composante la plus influente sur l'emploi.

Branche 20.00 : Autres industries mécaniques et électroniques

i) Variante1: Liaison chiffre d'affaires de l'année t et emploi de l'année t

Le coefficient de corrélation est suffisamment élevé (r = 0,84) pour être significatif.

Ainsi l'emploi d'une année donnée est expliqué par le niveau du chiffre d'affaires de la même année.

La production vendue est la composante du chiffre d'affaires la plus déterminante pour le niveau de l'emploi (r=0,79).

L'équation du modèle est ainsi libellée :

$$\mathbf{Eff_t = 0{,}114\ CA_t + 1524{,}919 \qquad (r = 0{,}839).}$$

ii) Variante 2 : Liaison chiffre d'affaires de l'année t -1 et emploi de l'année t

Le coefficient de corrélation entre les deux variables est également significatif (r=0,72). On aboutit aux mêmes conclusions que dans la variante 1, à la différence qu'il s'agit ici de l'emploi d'une année donnée qui est fonction du chiffre d'affaires de l'année antérieure.

Ce sont les prestations de service qui sont les plus liées avec le niveau de l'emploi (r = 0,91) suivies de la production vendue (r = 0,68).

L'équation du modèle est la suivante :

$Eff_t = 0{,}070\ CA_{t-1} + 342{,}9$ (r = 0,720).

iii) Variante 3 : Liaison chiffre d'affaires de l'année t +1 et emploi de l'année t

Le coefficient de corrélation entre les deux variables se situe également à un niveau significatif (r = 0,80).

Le niveau de l'emploi d'une année donnée est fonction du niveau du chiffre d'affaires prévu l'année d'après.

La production vendue est à nouveau le poste du CA le plus influent du niveau de l'emploi
(r = 0,80).

L'équation de liaison entre le chiffre d'affaires de l'année t +1 et l'emploi de l'année t est ainsi libellée :

$Eff_t = 0{,}125\ CA_{t+1} + 882{,}990$ (r = 0,795).

Dans la branche des autres industries mécaniques et électriques le niveau des effectifs est fonction du chiffre d'affaires, avec un léger avantage pour le chiffre d'affaires de la même année.

La production vendue est la composante du chiffre d'affaires la plus déterminante du niveau de l'emploi.

Branche 21.00 : Industries diverses

i) Variante1: Liaison chiffre d'affaires de l'année et emploi de l'année t

Le coefficient de corrélation entre les deux variables est de 0,63 par conséquent significatif, quoiqu'à un niveau légèrement au-delà de la moyenne.

Une liaison fonctionnelle linéaire moyenne est établie entre les deux variables.

Cela provient de l'hétérogénéité que constitue cette branche (imprimeries, fabrication de bijoux etc.)

La production vendue constitue le poste le plus déterminant du CA pour l'emploi (r = 0,67).

L'équation du modèle est ainsi libellée :

$$Eff_t = 0{,}051\ CA_t + 1378{,}347 \qquad (r = 0{,}632).$$

ii) Variante 2 : Liaison chiffre d'affaires de l'année t -1 et emploi de l'année t

Le coefficient de corrélation est faible (r = 0,17) donc peu significatif pour en dégager une liaison fonctionnelle linéaire entre les deux variables. L'hétérogénéité de la branche y est pour quelque chose.

iii) Variante 3: Liaison chiffre d'affaires année t +1 et emploi année t

Le coefficient de corrélation entre les deux variables est relativement élevé (r = 0,66).

Ce qui signifie que l'emploi d'une année donnée est fonction du chiffre d'affaires escompté l'année d'après :

La composante du CA la plus influente sur le niveau des effectifs est la production vendue
(r =0,69).

L'équation du modèle est ainsi libellée :

$Eff_t = 0,060\ CA_{t+1} + 1235,386$ (r = 0,658)

Compte tenu de l'hétérogénéité de la branche des industries diverses, la liaison fonctionnelle entre l'emploi et le chiffre d'affaires quand elle existe, se situe à un niveau modestement significatif.

Elle est plus poussée entre l'emploi d'une année donnée et le chiffre d'affaires prévu l'année d'après.

La production vendue est la composante du chiffre d'affaires la plus déterminante.

Branche 22.00 : Energie - Gaz - Eau

i) Variante1: Liaison chiffre d'affaires et emploi de l'année t.

Le degré de dépendance entre les deux variables est très significatif (r = 0,92). Ainsi, le niveau des effectifs de l'année est fonction du niveau du chiffre d'affaires de ladite année t.

La composante la plus influente du CA sur l'emploi est la production vendue (r = 0,93).

L'équation traduisant la liaison entre le chiffre d'affaires et l'emploi de la même année est ainsi libellée :

$Eff_t = 0,071\ CA_t + 2341,869$ (r = 0,918)

ii) Variante 2 : Liaison chiffre d'affaires de l'année t -1 et emploi de l'année t

Le degré de dépendance entre les deux variables est à nouveau significatif, quoiqu'à un degré moindre (r = 0,86).

On tire les mêmes conclusions que dans la variante 1 sauf qu'il s'agit ici du CA de l'année t -1 et de l'emploi de l'année t.

L'équation du modèle est ainsi libellée :

$$\mathbf{Eff_t = 0{,}056\ CA_{t-1} + 3018{,}121 \qquad (r = 0{,}861)}$$

iii) Variante 3: Liaison chiffre d'affaires de l'année t +1 et emploi de l'année t

Le coefficient est ici plus élevé (r = 0,97) que précédemment. Ainsi le niveau de recrutement (respectivement de licenciement) d'une année donnée est fonction du niveau du chiffre d'affaires attendu l'année d'après. Il s'agit d'un comportement d'anticipation sur le futur.

La production vendue demeure Le poste du CA le plus déterminant du niveau de l'emploi.

L'équation du modèle est ainsi libellée :

$$\mathbf{Eff_t = 0{,}074\ CA_{t+1} + 2048{,}611 \qquad (r = 0{,}971).}$$

La branche énergie - Gaz - Eau est caractérisée par une politique de recrutement du personnel fortement fonction des résultats (chiffre d'affaires) en particulier des résultats attendus dans le futur.

La production vendue est le poste le plus influent du CA sur le niveau de l'emploi.

Branche 23.00 : Bâtiment et Travaux Publics (BTP)

i) Variante 1 : Liaison chiffre d'affaires année t et emploi année t

On observe une corrélation positive et significative entre l'emploi et le chiffre d'affaires (r = 0,72).

La liaison fonctionnelle entre le niveau de l'emploi l'année t et le chiffre d'affaires l'année t est établie.

La composante du chiffre d'affaires la plus déterminante pour le niveau des effectifs est la production vendue (r = 0,73).

Ainsi, l'équation liant fonctionnellement l'emploi et le chiffre d'affaires de la même année dans le B.T.P est la suivante :

$$\mathbf{Eff_t = 0{,}125\ CA_t + 16831{,}745 \qquad (r = 0{,}716)}$$

ii) Variante 2 : Liaison chiffre d'affaires de l'année t -1 et l'emploi de l'année t

Le coefficient est peu significatif (r = -0,14) Cette situation est caractéristique de l'activité du B.T.P où la grande fluctuation observée dans la fermeture et / ou l'ouverture des chantiers n'incite pas à prendre pour base de politique de recrutement le niveau du chiffre d'affaires de l'exercice antérieur.

iii) Variante 3 : Liaison chiffre d'affaires de l'année t +1 et emploi de l'année t

Par contre ici, le coefficient de corrélation est très élevé (r = 0,98) et par conséquent très significatif.

La liaison fonctionnelle entre l'emploi et le chiffre d'affaires attendu est nette.

Ainsi le niveau du recrutement (respectivement du licenciement) d'une année donnée est fonction du niveau du chiffre d'affaires attendu l'année d'après.

En effet, le caractère fluctuant de l'activité basée sur l'ouverture et / ou la fermeture de chantiers incite à prendre en compte comme base de la politique de recrutement le chiffre d'affaires attendu, résultant des chantiers futurs à exploiter.

La production vendue est la composante principale d'influence sur le niveau de l'emploi (r = 0,98).

L'équation de liaison est ainsi libellée :

$$\mathbf{Eff_t = 0{,}181\ CA_{t+1} + 8030{,}160} \qquad \mathbf{(r = 0{,}982).}$$

Le niveau de l'emploi dans le B.T.P déterminé par celui du chiffre d'affaires au période ou de la période future (attendu) est largement moins de la même. C'est en particulier ce CA escompté qui est la plus déterminante notamment sa composante production vendue.

5.3.3.Secteur tertiaire

Le secteur tertiaire comporte les branches suivantes :

- le transport et les communications : branche 24
- le commerce : branche 26
- les services : branche 27
- les autres services : branches 25, 28*, 30, 32, 34

* la branche 28 se rapportant aux institutions financières et aux assurances est exclue compte tenu de l'absence d'information dans ce domaine.

Branche 24.00: Transports et Communications

i) Variante1: Liaison chiffre d'affaires année t et emploi année t

On observe deux éléments :

- un coefficient de corrélation suffisamment élevé en valeur absolue (r = -0,80), négativité du signe de r.

Ainsi, la liaison fonctionnelle entre les deux variables existe, mais elles évoluent en sens inverse ce qui signifie qu'un accroissement du CA ne se traduit par une augmentation des effectifs, mais par une baisse.

L'automatisation rapide dans les communications, vu le développement de l'électronique et le souci de réduire les coûts d'exploitations dans le transport (frais de personnel) pour maintenir une marge suffisante, contribuent à minimiser le poids du facteur travail.

La composante du CA la plus déterminante est la prestation de service (r =-0,82) caractéristique d'ailleurs de la branche 24.00 qui est une branche de service.

L'équation du modèle est la suivante :

$$\mathbf{Eff_t = -0{,}217\ CA_t + 39789{,}911 \qquad (r = -0{,}796).}$$

ii) Variante 2 : Liaison chiffre d'affaires de l'année t -1 et emploi de l'année t

Le coefficient de corrélation est significatif (r = -0,84). On tire les mêmes conclusions que précédemment (variante 1). Les raisons de cette évolution inverse sont également les mêmes.

L'équation du modèle est la suivante :

$$\mathbf{Eff_t = -0{,}233\ CA_{t-1} + 39737{,}194 \qquad (r = -0{,}837)}$$

iii) Variante 3 : Liaison chiffre d'affaires de l'année t + 1 et emploi de l'année t

Le coefficient de corrélation négatif est également significatif (r =-0,76).

On aboutit aux mêmes conclusions que dans les deux premières variantes, à la différence qu'on a ici le chiffre d'affaires de l'année t +1 et l'emploi de l'année t.

L'équation du modèle est ainsi libellée :

$$\mathbf{Eff_t = -0{,}240\ CA_{t+1} + 44587{,}340 \qquad (r = -0{,}758).}$$

Deux remarques caractérisent les transports et communications :

- d'une part, la liaison fonctionnelle entre l'emploi et le chiffre d'affaires est établie et beaucoup plus marquée entre l'emploi de l'année et le chiffre d'affaires de l'année antérieure avec les prestations de services comme composante principale ;
- d'autre part, l'évolution en sens contraire des deux variables, compte tenu de l'automatisation dans les communications (Office des PTT notamment) et la réduction des coûts d'exploitation (frais de personnel notamment) dans le transport en vue de maintenir de bons résultats.

Branche 25.00 : Auxiliaires de l'immobilier (agence de location et gestion immobilière

i) Variance 1: Liaison chiffre d'affaires de l'année t et emploi de l'année t

Le coefficient de corrélation est peu significatif (r = -0,33).

Il s'avère par conséquent inutile de rechercher la liaison fonctionnelle linéaire entre les deux variables.

Il s'agit d'entreprises de service utilisant très peu le facteur travail, il s'en suit par conséquent un impact peu important du chiffre d'affaires sur l'emploi.

ii) Variante 2: Liaison chiffre d'affaires de l'année t -1 et emploi de l'année t

Le coefficient de corrélation est significatif (r = -0,80) mais sa négativité signifie que le niveau du chiffre d'affaires de l'année antérieure n'a pas un effet positif sur l'emploi de l'année considérée. Réciproquement un mauvais chiffre d'affaires se répercute positivement sur l'emploi.

L'équation du modèle est ainsi libellée :

$$\mathbf{Eff_t = -0{,}016\ CA_{t-1} + 244{,}131 \qquad (r = 0{,}801)}$$

iii) Variante 3: Liaison chiffre d'a ffaires de l'année t +1 et emploi de l'année t

Contrairement aux deux autres variantes, on observe que le coefficient de corrélation est positif (r = 0,64).

D'autre part, il est significatif. Ainsi, le niveau de recrutement d'une année donnée est fonction du niveau du chiffre d'affaires escompté l'année d'après. Dans la mesure où il s'agit d'activités auxiliaires au bâtiment, la politique de recrutement est liée aux résultats attendus eux-mêmes dépendants de ceux du bâtiment.

L'équation du modèle est ainsi libellée :

$$\mathbf{Eff_t = 0{,}013\ CA_{t+1} + 165{,}569 \qquad (r = 0{,}641).}$$

On observe qu'au niveau des auxiliaires de l'immobilier la politique de recrutement pour une année donnée est fonction du niveau du chiffre d'affaires prévu l'année d'après.

Branche 26.00 : Les services

iii) Variante 1: Liaison entre chiffre d'affaires de l'année t et emploi de l'année t

Le coefficient de corrélation est très élevé (r = 0,91)

Ainsi, on note que le niveau du recrutement est fonction de celui du chiffre d'affaires, ainsi un accroissement du chiffre d'affaires se traduit par un accroissement des effectifs et respectivement une baisse de l'un implique une baisse de l'autre.

La composante du chiffre d'affaires la plus déterminante pour l'emploi est la prestation de services (r = 0,91).

L'équation du modèle est la suivante :

$$\mathbf{Eff_t = 0{,}150\ CA_t + 3976{,}310 \qquad (r = 0{,}91).}$$

ii) Variante 2 : Liaison chiffre d'affaires année t - 1 et emploi de l'année t

Le degré de dépendance entre les deux variables est à nouveau élevé et donc significatif (r = 0,80). On aboutit aux mêmes conclusions que précédemment à la différence qu'il s'agit ici d'emploi d'une année donnée et du chiffre d'affaires de l'année d'avant.

Le coefficient de corrélation entre l'emploi et les prestations de services composantes du chiffre d'affaires (r = 0,81) indique la prépondérance de ce poste sur le niveau des effectifs.

La liaison entre l'emploi et le chiffre d'affaires est exprimée par l'équation suivante :

$$\mathbf{Eff_t = 0{,}114\ CA_{t-1} + 6861{,}452} \qquad \mathbf{(r = 0{,}803)}$$

iii) Variante 3: Liaison chiffre d'affaires de l'année t + 1 et emploi de l'année t

Le coefficient de corrélation atteint un niveau très significatif (r = 0,97).

Ainsi, l'emploi d'une année est largement fonction du niveau du chiffre d'affaires de l'année d'après (chiffre d'affaires attendu). A nouveau les prestations de services s'imposent comme composante du chiffre d'affaires déterminante pour le niveau des effectifs (r = 0,97).

L'équation de liaison entre les deux variantes est ainsi libellée :

$$\mathbf{Eff_t = 0{,}177\ CA_{t+1} + 1564{,}860} \qquad \mathbf{(r = 0{,}971)}$$

On observe qu'au niveau des services, quel que soit le cas, l'emploi est largement dépendant du niveau du chiffre d'affaires, dépendance plus forte lorsqu'il s'agit du chiffre d'affaires prévu l'année d'après.

Les prestations de services sont la composante la plus influente sur le niveau des effectifs.

Branche 27.00 : Commerce

i) Variante l : Liaison chiffre d'affaires de l'année t et emploi de l'année t

Le coefficient de corrélation est très significatif (r = 0,90). Par conséquent une liaison fonctionnelle est établie entre l'emploi et le chiffre d'affaires de la même année dans le commerce.

Les marchandises revendues en l'état sont la composante la plus déterminante du CA pour l'emploi (r = 0,89).

Ainsi, l'équation du modèle est la suivante :

$$\mathbf{Eff_t = 0{,}015\ CA_t + 12556 \qquad (r = 0{,}895)}$$

ii) Variante 2: Liaison chiffre d'affaires de l'année t -1 et emploi de l'année t

Par contre dans cette variante le degré' de dépendance entre les deux variables est peu significatif (r = 0,49) et par conséquent implique une liaison fonctionnelle peu significative.

iii) Variante 3 : Liaison chiffre d'affaires année t +1 et emploi année t

On retrouve un bon coefficient de corrélation entre les deux variables (r = 0,89).

La politique de recrutement d'une année donnée est fonction du chiffre d'affaires escompté l'année d'après.

Les marchandises revendues en l'état, activité principale des entreprises commerciales, sont les plus déterminantes pour le niveau des effectifs (r = 0,90).

L'équation du modèle est ainsi libellée :

$$Eff_t = 0{,}026\ CA_{t+1} + 2260{,}541 \qquad (r = 0{,}890)$$

La politique de recrutement dans les activités commerciales est fonction soit du niveau du chiffre d'affaires de la même période, soit de celui attendu, le premier étant le plus déterminant.

Les marchandises revendues en l'6tat ont le poids le plus influent sur le niveau des effectifs, activité d'ailleurs caractéristique du commerce qui consiste à acheter pour vendre.

Branche 28.00 : Institutions Financières et Assurances

Branche mal saisie par la centrale des bilans, aucune analyse la concernant n'est faite.

Branche 30.00 : Organismes d'Etat (ni industriels, ni commerciaux)

i) Variante1: Liaison chiffre d'affaires de l'année t et emploi de l'année t

La corrélation entre les deux variables est faible (r = 0,48).

Le niveau des effectifs dépend peu du résultat de l'activité de la même année.

En tant qu'organismes d'Etat, leur politique de recrutement est beaucoup plus fonction de considérations sociales ou politiques, ou d'autres facteurs non économiques et financiers.

ii) Variante 2 : Liaison chiffre d'affaires de l'année t -1 et emploi de l'année t

Le coefficient est encore plus bas (r = 0,23).

Les raisons exprimées précédemment restent valables.

iii) Variante 3 : Liaison chiffre d'affaires de l'année t +1 et emploi de l'année t

Le coefficient de corrélation est beaucoup plus significatif que dans les deux premières variantes (r = 0,80).

Ainsi, on peut dire que le niveau de recrutement, en dehors des raisons exprimées plus haut, est fonction du chiffre d'affaires attendu l'année d'après.

Les organismes d'Etat recrutent donc en fonction des activités futures.

La composante du chiffre d'affaires la plus importante pour le niveau des effectifs est la prestation de services (r = 0,79).

L'équation du modèle est ainsi libellée :

$$\mathbf{Eff_t = 0{,}256\ CA_{t+1} + 4498{,}141 \qquad (r = 0{,}799)}$$

Au niveau des organismes d'Etat, la politique de recrutement lorsqu'elle ne dépend pas de considérations non économiques ou financières, est liée aux activités futures envisagées. D'ailleurs à cet effet un certain nombre de ces organismes recrutent par concours dont le nombre de place est lié aux activités futures ou à des considérations autres qu'économiques ou financières.

Branche 31.00 : Activités de recherche

Branche très peu informée n'est pas traitée dans l'analyse.

Branche 32.00 : Enseignement privé

i) Variante1 : Liaison chiffre d'affaires de l'année t et emploi de l'année t

Le coefficient de corrélation est significatif (r = 0,85). Bien qu'il s'agisse d'une branche mal couverte par la centrale des bilans.

Cette liaison fonctionnelle entre les deux variables est largement justifiée par le fait que le recrutement du personnel notamment enseignant est fonction du nombre d'élèves inscrits, donc du chiffre d'affaires.

Les prestations de services sont le poste le plus influent sur le niveau des effectifs (r = 0,84).

L'équation du modèle est la suivante :

$$\mathbf{Eff_t = 0{,}306\ CA_t + 366{,}811 \qquad (r = 0{,}849)}$$

ii) Variante 2 : Liaison chiffre d'affaires de l'année t -1 et emploi de l'année t

Le coefficient de corrélation est à niveau significatif mais à un degré moindre (r = 0,75).

On aboutit aux mêmes conclusions précédentes avec notamment le fort poids des prestations de services (r = 0,94).

L'équation est ainsi libellée :

$$\mathbf{Eff_t = 0{,}270\ CA_{t-1} + 463{,}122 \qquad (r = 0{,}751)}$$

iii) Variante 3 : Liaison chiffre d'affaires année t +1 et emploi de l'année t

Le degré de dépendance est plus poussé dans ce cas de figure (r = 0,87).

,Ce qui signifie que le recrutement au personnel d'une année donnée est grandement fonction du chiffre d'affaires attendu l'année d'après. Cela est d'autant plus justifié qu'un élève inscrit passe en général plus d'un an dans un établissement (le cursus scolaire est 6 ans dans le primaire, 4 ans dans le secondaire 1er cycle et 3 ans dans le secondaire 2ème cycle et il en est de même dans l'enseignement technique où les cycles durent en moyenne 2 à 3 ans).

Les prestations de services demeurent le poste le plus influent du CA (r = 0,71).

L'équation de la variante 3 du modèle est la suivante :

$$\mathbf{Eff_t = 0{,}257\ CA_{t+1} + 338{,}667 \qquad (r = 0{,}869)}$$

La politique de recrutement du personnel étant fonction du nombre d'élèves inscrits, dans l'enseignement privé, donc du niveau du chiffre d'affaires, ce dernier par conséquent explique le niveau de ce recrutement. La liaison fonctionnelle est plus poussée dans le cadre de la variante 3 (chiffre d'affaires attendu et l'emploi).

Les prestations de services sont la composante la plus influente du CA.

Branche 34.00 : Sociétés de Capitaux

i) Variante1 : Liaison chiffre d'affaires de l'année t et emploi de l'année t

On observe un coefficient de corrélation significatif (r = -0,66) mais de signe négatif ; ce qui signifie que la liaison fonctionnelle entre l'emploi et le chiffre d'affaires est établie, mais les deux variables évoluent en sens contraire.

Ainsi un bon chiffre d'affaires se traduit sur l'emploi par une baisse des effectifs.

Une étude approfondie sur la branche où le facteur travail est peu sollicité, devrait permettre d'en déduire les raisons.

Les prestations de services sont le poste le plus important du CA influençant l'emploi (r = -0,72).

L'équation ainsi libellée :

$$\mathbf{Eff_t = -0{,}025\ CA_t + 2017{,}362 \qquad (r = -0{,}656)}$$

ii) Variante 2 : Liaison chiffre d'affaires année t -1 et emploi année t

Le degré de dépendance est moyen (r = -0,56). Ce qui implique une liaison fonctionnelle moyenne et comme précédemment caractérisée par l'évolution en sens inverse des deux variables.

iii) Variante 3 : Liaison chiffre d'affaires année t + 1 et emploi année t

A nouveau on observe un degré de 'dépendance moyen (r = -0,51) de signe négatif.

On peut affirmer que l'emploi au niveau des Sociétés de capitaux est moyennement dépendant du niveau du chiffre d'affaires. On note que d'autres facteurs doivent être à la base du niveau de l'emploi facteurs, qui ne pourraient être mis en évidence que pour des études spécifiques sur la branche.

5.4. Synthèses

Au niveau du secteur primaire :

- On note un degré d'interdépendance faible entre le chiffre d'affaires et l'emploi, car le secteur minier et pétrolier est hautement mécanisé.

Au niveau du secteur secondaire on observe ceci :

- un degré d'interdépendance plus élevé et par conséquent une liaison fonctionnelle plus évidente entre l'emploi et le chiffre d'affaires dans le sens positif ; i.e la politique de recrutement est liée au chiffre d'affaires ;
- une prédominance des variantes 1 et 3 (comportement à la période courante ou comportement d'anticipation) ;
- une prépondérance de la production vendue (voir chapitre 1) dans le chiffre d'affaires sur l'emploi ;
- 1 million F CFA supplémentaire de chiffre d'affaires génère entre 0,011 et 3,04 emplois supplémentaires.

Ce qui est équivalent de dire que la propension marginale à recruter se situe entre 0,011 et 3,04 lorsque la liaison est significative :

s'agissant du coefficient *b*, il est pour, la plupart des cas, positif sauf pour les branches :

- 08.00 fabrication de boisson et glace alimentaire (variante 1 et 3).
- 10.00 autres industries alimentaires et tabac (variante 1 et 3) 14.00 produits dérivés du pétrole (variante 3)
- 16.00 production de caoutchouc et produit en caoutchouc (variantes 1 et 2).

Au niveau du secteur tertiaire on note ceci :

- un degré d'interdépendance significatif pour la majorité des branches pour lesquelles on dispose d'information ;
- prépondérance des variantes 1 et 3 ;
- influence plus grande des prestations de service sur le niveau de l'emploi ;
- la propension marginale à recruter se situe entre 0,015 et 0,270 avec une propension négative (qui signifie qu'un accroissement supplémentaire d'un million F CFA de CA prix 1975 ne se traduit pas nécessairement par un recrutement) dans le cas de la branche 24.00 transports et communications ;
- le coefficient *b* est tout le temps positif ce qui signifie que dans le tertiaire, il est possible de maintenir un seuil minimal d'effectif en présence d'un chiffre d'affaires très bas voir nul.

En conclusion, que retenir ?

i) Au niveau du secteur primaire

- dans les mines (extraction de minerais et minéraux), le caractère très mécanisé de la "branche exploitation du pétrole" implique une interdépendance modeste entre l'emploi et le chiffre d'affaires mais négativement i.e les deux variables évoluent en sens inverse ; ce n'est pas un secteur de main d'œuvre mais très capitalistique, donc très mécanisé.

ii) Au niveau du secteur secondaire :

- au niveau des activités de transformation proprement dites, on note que d'une façon générale, l'emploi dépend du chiffre d'affaires et ainsi, le niveau du premier est expliqué par celui du deuxième.

Cette liaison fonctionnelle est plus marquée dans le cadre de la troisième variante à savoir l'emploi d'une année donnée est expliqué par le chiffre d'affaires attendu l'année d'après, et de la première variante c'est-à-dire, l'emploi d'une année donnée est expliqué par le chiffre d'affaires de ladite année. Ce qui signifie que les politiques de recrutement (de même les licenciements) sont fonction des résultats de l'activité attendue dans le futur (comportement d'anticipation) ou courante :

- la production vendue pour la grande majorité des branches est la composante la plus déterminante du chiffre d'affaires sur le niveau des effectifs.

Dans le bâtiment et les travaux publics (BTP), le niveau des effectifs est largement expliqué par celui du chiffre d'affaires anticipé et ensuite par le chiffre d'affaires de la période courante ; la production vendue en est la composante déterminante.

iii) Au niveau du tertiaire

- l'emploi, pour la majorité des branches est également fonction du chiffre d'affaires comme au niveau du secondaire, cette interdépendance est plus significative dans le cadre du troisième (comportement d'anticipation) et premier (comportement à la période courante ou en temps réel) schémas de figure ;
- la branche transport et communications se caractérise par une liaison négative entre les deux variables, quel que soit le schéma de figure i.e un accroissement du chiffre d'affaires ne se traduit par une augmentation des effectifs, parfois même par une diminution des emplois. Cette situation résulte entre autres de la rapide automatisation dans les communications (Office des P.T) ;
- les prestations de service sont la composante la plus importante du chiffre d'affaires, influençant le niveau des

effectifs (en dehors du commerce où il s'agit plutôt des marchandises revendues en l'état).

iv) Classement des branches selon le degré d'interdépendance :

Le classement des branches selon le degré d'interdépendance (coefficient de corrélation). Il en ressort les éléments suivants :

- le degré d'interdépendance entre l'emploi et le chiffre d'affaires est plus significatif dans les variantes 1 et 3 (emploi d'une année donnée est fonction du chiffre d'affaires de la même année ; et l'emploi d'une année donnée est fonction du chiffre d'affaires de l'année d'après) ;
- pour la variante 1, la liaison est très marquée dans les branches : fabrication de boissons et glace alimentaire, construction et réparation de matériel de transport, industrie du cuir et des articles chaussants, produits dérivés du pétrole, énergie,- gaz, eau ;
- pour la variante 3 la liaison est très marquée dans les branches: BTP, produit dérivés du pétrole, autres industries alimentaires et tabac, énergie,- gaz,-eau, - services, industrie des corps gras alimentaires.

v) Les classements des branches selon la "propension marginale à recruter".

La "propension marginale à recruter" est l'effectif supplémentaire généré par l'accroissement supplémentaire d'une unité de chiffre d'affaires soit 1 million de F CFA prix 1975. Il en ressort les éléments suivants :

- prépondérance des variantes 1 et 3 : la "propension marginale à recruter" y est plus élevée ;
- l'agro-industrie et l'enseignement privé sont les secteurs à "propension marginale à recruter" élevée :
- la branche « transports et communications » est celle par contre (pour les branches où le degré d'interdépendance est significatif) où la "propension marginale à recruter" est négative c'est-à-dire que 1 million de F CFA prix 1975 supplémentaire du chiffre d'affaires n'implique pas systématiquement un recrutement mais peut se traduire par

une perte d'emploi variable selon la variante, car le secteur communication est très capitalistique.

v) Prévision de l'emploi

L'un des objectifs est également de mettre en place un outil de prévision de l'emploi dans le secteur moderne privé et para public à partir de la connaissance du chiffre d'affaires (passé, présent ou futur).

Lorsque le degré d'interdépendance est significatif, il est établi l'équation de liaison qui sert en même temps d'outil de prévision de l'emploi par branche. On se réfère aux équations mis en évidence par branche dans le paragraphe *« 5.3. Résultats » en fonction des variantes.*

La prévision est faite sous l'hypothèse de stabilité du comportement observé sur la période 1975-1981 en francs constants de l'année 1975.

Ainsi, pour la branche 08.00 on a par exemple[36] :

- le chiffre d'affaires courant 1981 = 32592 millions de F CFA ;
- le chiffre d'affaires constant 1981 prix 1975 = 20101 millions FCFA ;
- l'effectif 1981 = 3452 salariés.

Prévision à partir de la variante 1

$Eff_t = 0,174\ CA_t - 177,897$

On suppose qu'en 1985 en francs constants prix 1975, le chiffre d'affaires est de 23000 millions de F CFA, alors le nombre de salariés sera en 1985 : 0,174 x 2300 - 177,897 soit 3824 salariés.

[36] Annexe

Prévision à partir de la variante 2

$Eff_t = 0{,}159\ CA_{t-1} + 292{,}365$

avec les données de départ l'effectif dans la branche pour 1982 peut être estimé à :
0,159 X 20101 + 292,365 = 3488 salariés.

Prévision à partir de la variante 3

$Eff_t = 0{,}182\ CA_{t+1} - 592{,}717$

avec les hypothèses sur le chiffre d'affaires pour 1985 (voir variante 1 ; il s'agit d'une hypothèse d'école), l'emploi en 1984 peut être estimé à 0,182 X 23000 - 592,717 = 3593 salariés.

Pour l'ensemble des branches, on retrouve les éléments du "modèle" de prévision consignés dans les tableaux en annexe III.

Il est possible par exemple d'utiliser ce modèle pour prévoir également les pertes d'emploi compte tenu des délestages du courant électrique qui vont occasionner des baisses de chiffre d'affaires dans certaines branches au cours de l'exercice 1983-1984.

VI. POLITIQUE D'IVOIRISATION DES CADRES

La Côte d'Ivoire est un pays qui se caractérise par une présence forte d'étrangers qui pour un grand nombre exercent des activités à différents postes de travail dans divers domaines de l'économie nationale et en définitive prennent une part prépondérante dans la vie économique et sociale de la nation.

Cette population étrangère à la fois d'origine africaine (sous régionale essentiellement de la CEDEAO) et non africaine (européenne principalement) induit naturellement la question récurrente : celle de la maîtrise par les nationaux de leur économie.

Au niveau de l'emploi, une structure officielle a dès 1977 été mise en place en vue de s'occuper, entre autres, de la politique de l'ivoirisation tant dans son élaboration que son exécution : il s'agit du ministère du travail et de l'ivoirisation des Cadres.

L'on entreprend sur cette question, dans ce chapitre, une esquisse d'interrogation sur les actions qui ont été menées, les problèmes rencontrés et l'avenir.

Il s'agit en définitive d'un bilan de l'ivoirisation de l'emploi et ceci dans le secteur moderne de l'économie.

Pour mener à bien ce travail l'on s'est :

- d'abord, préoccupé d'un historique, d'une mise en évidence des institutions et des concepts les plus utilisés ;
- ensuite, penché à dégager un bilan à la fois au niveau institutionnel que statistique ;
- enfin, aventuré dans la mise en évidence de ce qui pourrait être une stratégie pour le futur à partir du bilan et des problèmes rencontrés.

Cette étude[37] étant une première tentative autour de ce thème qui est l'objet quelque fois de vifs débats, l'on s'apercevra sans doute de la

---

[37]Paul Koffi Koffi *Ivoirisation de l'emploi dans le secteur moderne*, 1985

difficulté qu'il y a eu à l'aborder et que par conséquent tous les aspects liés à l'ivoirisation n'ont certainement pas été approchés. Enfin, il faut mentionner que la présente investigation est l'œuvre d'un groupe de travail mis en place dans le cadre d'un programme d'initiation aux études et recherches sous notre direction.

6.1. Aspect historique institutionnel et conceptuel

L'ivoirisation n'est pas un phénomène nouveau. Ce terme découle d'une volonté politique lancée à l'aube des indépendances. L'ivoirisation est née de l'africanisation des cadres : souci majeur, mettre en place une politique de développement dont les africains (en soient) **seront ou sont** les véritables artisans.

Ce problème pose deux corollaires :

- l'africanisation de la propriété, donc de l'appareil économique ;
- l'africanisation du pouvoir de décision, notamment des postes d'encadrement.

En ce qui concerne le second point qui fait l'objet de ce chapitre, Albert Bourgi[38] écrit à cet égard « *qu'au lendemain des indépendances, l'assistance technique en personnel fournie par la France vise deux objectifs complémentaires :*

- *d'une part, combler le déficit en personnel qualifié des Etats africains et malgache et consolider les structures administratives, économiques et sociales ;*
- *d'autre part, renforcer les moyens de formation qui doivent permettre d'assurer aussi rapidement que possible, la relève des coopérants par des techniciens nationaux* ».

En 1946, déjà cette volonté de former des nationaux s'était manifestée par l'envoi en France des jeunes ivoiriens pour une formation supérieure. Toutes ces volontés politiques exprimées en Afrique ont donné naissance à des concepts tels Gabonisation, Sénégalisation, Ivoirisation, etc.

---

[38] Albert Bourgi *La politique française de coopération en Afrique : le Cas du Sénégal* Ed NEA 1979

Ainsi, dans le cadre de la Côte d'Ivoire quel a été donc l'évolution du phénomène ivoirisation, de ses institutions en place et du concept ?

6.1.1. Evolution de l'ivoirisation

Dans les perspectives décennales 1960-1970[39], au niveau de la problématique de l'emploi on met en évidence l'apport important de main-d'œuvre d'origine étrangère, tant dans les postes d'encadrement que d'exécution. De plus on fait mention de la pénurie quantitative et qualitative des ivoiriens dans les emplois qualifiés.

La loi Plan 1967-1970 souligne les mêmes observations et l'un des objectifs en matière d'emploi vise à assurer le plein emploi des ivoiriens.

La décennie 1970-1980 est marquée par la volonté de considérer l'ivoirisation comme un objectif fondamental à travers l'orientation "*l'accroissement de la participation des nationaux à l'activité économique".* En effet, dans les distorsions mises en évidence par le plan 70-75 l'ivoirisation de l'économie est considérée comme une préoccupation essentielle. Il y a là une affirmation d'une nette *"volonté politique*" dans la mesure où l'ivoirisation de l'économie devient un objectif prioritaire d'une part, et d'autre part des voies et moyens sont proposés pour l'atteindre : voie contractuelle, réglementation, formation, priorité d'embauche aux ivoiriens, promotion d'entreprises ivoiriennes.

Pour stigmatiser le problème, en 1973, une commission nationale du bureau politique chargée de l'ivoirisation est née.

En Septembre 1978, la « *charte de l'ivoirisation*[40] » qui retrace le cadre de l'ivoirisation, est soumis à l'approbation du conseil des ministres.

En 1979, à l'issue des différentes consultations entre partenaires sociaux et en référence à la charte, chaque entreprise doit établir son plan d'ivoirisation. Il en découle une opération coordonnée par le

---

[39]Ministère du Plan *Perspectives décennales,1960-1970 et 1970-1980*

[40] Ministère du Travail, *Charte de l'Ivoirisation 1978*

Service autonome l'ivoirisation, cellule spécialisée en la matière dès Juillet 1979[41] sous forme d'une enquête par correspondance auprès des entreprises. Elle vise[42] :

- l'établissement par les entreprises de leur programme d'Ivoirisati6n sur la période 1980-1985 ;
- l'identification des postes de travail à Ivoiriser, dans l'espace et le temps ;
- la description et l'analyse des postes de travail ;
- la description des filières d'accès ;
- l'analyse de la structure des entreprises ;
- l'élaboration d'une nomenclature adaptée des professions.

Le plan 1980-1985 souligne à nouveau la priorité accordée à l'ivoirisation et met l'accent sur la nécessité de programmation pour l'ensemble des entreprises conformément à la Charte.
Mais les effets de la crise économique ne tardent pas à se faire sentir. Le début des années 1980 est particulièrement marqué par cette crise qui secoue durement le pays et qui va avoir des effets négatifs sur l'emploi. C'est le début du chômage des cadres et des diplômés de l'enseignement supérieur. L'ivoirisation connaît un regain d'intérêt et est perçue comme étant une solution à la résorption du chômage.

Au moment où l'on parle de bilan pour les cinq ans déjà écoulés, on assiste à une réorganisation des services de l'ivoirisation. Ce dernier point nous amène à un autre, celui de l'analyse institutionnelle.

6.1.2.Aspect institutionnel

Le décret n° 78-875 du 13 Octobre 1978, détermine les attributions du ministère du travail et de l'ivoirisation des cadres qui exercent, conformément aux dispositions législatives en vigueur, les pouvoirs dévolus au gouvernement en matière de travail de l'emploi et de l'ivoirisation des cadres.

Au sein de ce ministère qui traduit la volonté politique de réaliser l'ivoirisation de l'emploi, le Service autonome de l'ivoirisation de

---

[41]Communication du Ministère du Travail et de l'Ivoirisation des Cadres, Novembre 1983

[42] Paul Koffi Koffi, *Etude sur l'Ivoirisation de l'Emploi* , Direction de l'Emploi 1980

l'emploi (SAIE) né par décret n°78 765, Septembre 1978 a en charge les prérogatives suivantes :

- contrôle de l'exécution des directives en matière d'ivoirisation ;
- assistance aux entreprises ;
- coordination des activités d'ivoirisation, menées au niveau des différents partenaires ;
- élaboration des synthèses permettant aux autorités de suivre les actions d'ivoirisation.

Une commission consultative de l'ivoirisation de l'emploi est également mise en place (décret n° 78-764 du 23 Septembre ; 1978) Cette commission comprend de représentants des organismes suivants :

- ministère du travail et de l'ivoirisation des cadres ;
- assemblée nationale ;
- conseil économique et social ;
- éducation nationale ;
- enseignement technique et formation professionnelle ;
- économie finances et plan ;
- commerce.
- condition féminine
- UPACI ;
- UGTCI ;
- ACIP.

Son objet : donner son avis sur la politique nationale de l'emploi et de l'ivoirisation.
En dehors des actions gouvernementales, le Bureau Politique a mis en place en 1973 une commission nationale pour l'ivoirisation qui a permis l'élaboration de la charte de l'ivoirisation (Septembre 1978).

La charte de l'ivoirisation comporte :

- les objectifs de l'ivoirisation ;
- la procédure d'ivoirisation et la méthode ;
- les actions à mener en vue d'atteindre les objectifs ; la charte définit ainsi le cadre globale de l'ivoirisation. Les actions à mener, selon elle, se résument à :

- l'établissement par chaque entreprise de son plan d'ivoirisation ;
- la procédure d'insertion des débutants dans les entreprises ;
- la mise en relation des besoins des employeurs et des ressources ;
- la réalisation par le système éducatif des formations correspondant aux besoins ;
- la participation des entreprises à la formation des étudiants
- l'orientation des jeunes en cours de formations ;
- le placement ;
- le problème des expatriés.

En février 1984, intervient une réorganisation du ministère du travail et de l'ivoirisation des cadres qui va redéfinir tous le cadre institutionnel de l'ivoirisation puisque le service autonome de l'ivoirisation de l'emploi voit une partie de ses activités reprisent par l'OMOCI et une autre par la direction de l'emploi. Au stade actuel de l'étude, certaines précisions conceptuelles s'imposent.

6.1.3.Aspect conceptuel

L'ivoirisation

Plusieurs définitions fusent au niveau de l'ivoirisation selon la charte, l'ivoirisation est un mouvement de personnel devant aboutir au sein des entreprises à la passation ou plutôt à la participation des ivoiriens aux prises de décision.

L'ivoirisation vise à la maîtrise des nationaux de leur développement ; c'est une aspiration légitime, un attribut de la souveraineté. Selon le Plan, *"l'ivoirisation vise à l'endogénéisation de la croissance et de ses effets, au bénéfice des nationaux et du renforcement de l'Indépendance économique de la nation".*

Très souvent quand on parle d'ivoirisation, on pense aux cadres, pour preuve, l'origine du terme, qui est née de l'africanisation des cadres. En effet, on estime que l'élément fondamental est la prise de décision.

L'on dira que *"l'ivoirisation est un processus qui vise la direction et la maîtrise par les nationaux du pouvoir de décision et de l'exécution des tâches au sein du système de production".*

Cette ivoirisation vise non seulement le capital financier, mais l'emploi, les techniques et la technologie. Une ivoirisation du personnel sans une maîtrise des techniques et technologies, est une ivoirisation inachevée. Pour l'ensemble de ces raisons l'ivoirisation de l'emploi doit dépasser le cadre restreint quoique primordial de l'encadrement.

Le cadre

Quel peut être la connotation, le sens donné à ce vocable *"cadre"* qui, s'apparente à ivoirisation.
Selon le Larousse, "employé exerçant une fonction de direction : ensemble de chef d'une troupe, d'une administration, d'une entreprise qui en forme le noyau". Ce concept se détermine de l'avis de certains, en fonction des réalités à chaque pays.

Dans le secteur public en Côte d'Ivoire est considéré comme cadre, tout agent de la catégorie A. D'une manière générale, sont classés dans cette catégorie les titulaires d'au moins une licence ou d'un diplôme équivalent.

Pour l'association des cadres ivoiriens du secteur privé de Côte d'Ivoire[43], (ACIP) est considéré "cadre", selon l'article deux du statut de cette association, les employés qui répondent aux conditions suivantes :

- posséder une formation technique, administrative, juridique, commerciale résultant soit d'études sanctionnées par un diplôme des écoles spécialisées ou d'une université, soit d'une expérience professionnelle équivalente ; occuper dans le secteur privé Ivoirien une fonction comportant des pouvoirs de décisions et de commandement.

[43]Cadre Magazine n01 Page 20 1983

Selon l'Union générale des travailleurs de Côte d'Ivoire (UGTCI), chaque unité de production dans une entreprise a ses cadres. Exemple, celui qui encadre le travail des manœuvres accomplit une tâche d'encadrement, donc est cadre à son niveau parce qu'il assure une responsabilité.

Une étude en France sur la fonction d'encadrement[44] nous relève un certain nombre de résultats non moins intéressants.

Selon cette étude, il n'est pas difficile a priori de reconnaître un cadre dans une entreprise.

- est cadre, celui à qui l'entreprise a décidé d'attribuer ce statut. Puisqu'il s'agit dans les faits d'un véritable statut reconnu par la convention collective et la jurisprudence.

Ce qui rend complexe cette notion, selon cette étude se sont les critères d'appartenance à ce groupe cadre. Critères qui varient d'une branche à l'autre.

Essayant de dépasser les définitions juridiques et leurs difficultés, de nombreux auteurs en ont proposés d'autres, car disent-ils, à l'évidence, les cadres ne sont pas les seuls à encadrer, concevoir, exercer un travail intellectuel. Autrement dit toutes les définitions avancées peuvent s'appliquer à des cadres comme des non cadres.

Encadrement fonctionnel

En effet, dans les entreprises, existent des différences entre le travail des cadres et des non cadres, et mieux entre les différentes tâches de cadres.

Ainsi, on peut voir dans l'entreprise qu'existe une unité fonctionnelle assurant la gestion et l'encadrement au sens large. Cette unité fonctionnelle dépasse les séparations introduites par l'entreprise en termes de statut :

---

[44] Série formation professionnelle, la fonction d'encadrement, vol Novembre 1977 P. 200.

Cadres, agents de haute maîtrise, contremaîtres etc. Cette unité fonctionnelle que nous avons appelée fonction d'encadrement va du directeur au chef d'équipe.

On assiste par ailleurs à une sorte de décomposition de la fonction patronale au sens large, c'est-à-dire l'exercice du pouvoir dans le domaine économique et financier, et d'autre part de la fonction d'encadrement.

Les enquêtes menées dans les différentes entreprises montrent que la formation supérieure donnait une hauteur de vue que l'expérience ne permettait jamais d'acquérir.

Lorsqu'on pose la question de savoir quelle est la différence entre un poste de cadre et un poste d'agent de maîtrise le distinguo est substitué et net :

"La fonction est confiée à un cadre lorsqu'elle n'est pas trop nettement définie ; car seul un cadre est capable (par sa formation, son ouverture d'esprit) de lui en donner les contours. On attend même de lui qu'il le fasse, sinon c'est un cadre médiocre. L'agent de maîtrise lui, se verra confier des fonctions nécessitant de l'expérience professionnelle et technique mais de création, pas d'imagination extensive"[45].

Enfin, dernier argument, les cadres sont seuls capables de s'adapter à presque n'importe quel poste. Au vu de toutes ces définitions qui comportent quelques éléments communs, résumons le concept comme suit, est Cadre celui :

- qui a une formation supérieure ou une formation équivalente acquise par expérience professionnelle et qui participe aux prises de décision ;
- à qui l'entreprise a décidé d'attribuer ce statut reconnu pour la convention collective et la jurisprudence.

---

[45] Série formation professionnelle, la fonction d'encadrement, vol Novembre 1977, page 208

A l'issue de cette première partie, l'on s'aperçoit que l'ivoirisation est un terme d'une origine de l'aube des indépendances, qui est entré officiellement dans le discours politique et la stratégie de développement dans le milieu des années 70 avec la commission du bureau politique et la création d'un ministère de tutelle en 1977.

Les structures et les actions ont toutes eu pour toile de fond la charte de l'ivoirisation avec un débat conceptuel qui est loin d'être clos.

L'historique, l'institutionnel et le conceptuel étant définis, l'on va tenter d'établir le bilan dans la partie qui va suivre.

6.2. Bilan de l'ivoirisation

Après avoir fait un aperçu historique, mis en évidence l'environnement institutionnel et les concepts utilisés, l'étude va maintenant porter sur un bilan qui va s'orienter autour de trois axes :

- bilan institutionnel ;
- bilan statistique ;
- problèmes rencontrés.

Dans le premier cas, il s'agira de montrer comment les principales institutions, Service autonome de l'ivoirisation de l'emploi et la charte de l'ivoirisation ont fonctionné.

Au niveau statistique, l'on se penchera à présenter les opérations qui ont été menées sur le terrain, notamment le Plan d'ivoirisation et les résultats concrets qui en découlent. Un accent est mis sur la liaison ivoirisation de l'emploi ivoirisation du Capital.

Enfin, l'on s'attachera à présenter les principaux problèmes rencontrés dans la mise en œuvre de la politique d'Ivoirisation.

6.2.1. Bilan Institutionnel

L'ivoirisation, comme il a été souligné dès le départ, n'est pas une solution au problème de l'emploi, mais vise la maîtrise de l'économie par les nationaux, et ceci dans un souci de souveraineté nationale.

Avec la crise économique et de l'emploi que vit le pays depuis la fin des années 70, le "chômage intellectuel" fait son apparition et les compressions de personnel deviennent de plus en plus importants.

Au 31 Décembre 1983, le stock de demandeurs d'emploi "Cadres" est évalué à 650 dont 55 % de demandeurs "premier emploi". 7000 salariés sont touchés par les compressions en 1983 ce qui correspond à un accroissement de 32 % par rapport à 1982.

Le Service autonome de l'ivoirisation de l'emploi (SAIE)

Face à cette situation, les pouvoirs publics dès le début de la crise vont mettre en place une aide financière aux chômeurs dont les cadres et maîtrises en sont les premiers bénéficiaires cette opération est confiée, au départ, au Service autonome de l'ivoirisation de l'emploi (SAIE) qui s'oriente dès lors dans une activité d'assistance financière et de placement, mobilisant ainsi la quasi-totalité de ses agents et prenant le pas sur l'ivoirisation.

Au niveau de l'organisation du Service autonome de l'ivoirisation de l'emploi, le personnel n'avait pas été responsabilisé dans des tâches permanentes, dans le cadre de cellules de travail, en dehors du "bureau des cadres". Ainsi toute nouvelle activité entraînait le déplacement de l'ensemble du service sur celle-ci.

À cet égard, l'on est passé de l'ivoirisation (enquête, élaboration des plans d'ivoirisation, etc.) dans le cadre du titre I de la charte, à la gestion de l'aide financière aux chômeurs (activité actuellement dévolue à l'OMOCI) et au placement et contrôle, tâches respectivement du ressort de l'OMOCI et des inspections du travail.
La réorganisation interne du ministère du travail et de l'ivoirisation des cadres de Février 1984 entraine la dissolution du Service autonome de l'ivoirisation de l'emploi et la prise en charge de ses activités par l'Office de la main-d'œuvre de Côte d'Ivoire (OMOCI)

pour ce qui concerne l'exécution de la politique d'ivoirisation et par la direction de l'emploi pour ce qui est de la conception et l'adaptation de la politique d'ivoirisation.

La Charte de l'Ivoirisation

N'étant ni une loi, ni un décret, elle portait déjà des limites dans sa mise en application.

Le Service autonome de l'ivoirisation de l'emploi de son côté ne disposait pas de moyens législatifs pour soutenir son action. D'autre part, le ministère du travail et de l'ivoirisation des cadres s'est pratiquement trouvé seul dans l'application de la charte, la collaboration avec les autres départements dont les activités touchent de près ou de loin la question n'a pas été évidente.

En définitive, les entreprises étaient pratiquement les seuls maîtres de la mise en œuvre de leur plan d'ivoirisation.

Au total sur les huit actions[46] mentionnées dans la charte, seule la première qui vise l'établissement par les entreprises de leur plan d'Ivoirisation a connu plus ou moins un aboutissement encore que là, l'ensemble des entreprises intéressées par la question n'ont pas répondu.

La charte de l'ivoirisation comporte huit actions à savoir :
- l'établissement par chaque entreprise de son plan d'ivoirisation ;
- la procédure d'insertion des débutants dans les entreprises ;
- la mise en relation des besoins des employeurs et des ressources ;
- la mise en relation par le système éducatif des formations correspondant aux besoins ;
- la participation des entreprises à la formation des étudiants
- l'orientation des jeunes en cours de formation
- la contribution du service de placement
- les expatriés

6.2.2.Bilan statistique

[46] La Charte de l'Ivoirisation, idem.

Le gouvernement a lancé en juillet 1979, la mise en place d'un plan d'Ivoirisation des cadres sur la base d'une enquête par correspondance sur 920 entreprises de plus de 30 salariés (sur un effectif total de 2147 entreprises enregistrées par la banque des données financières (BDF) en1979, il y a 271 entreprises qui ont répondu soit 12,6% de la base, et 33% environ de l'échantillon.
Le plan concernait exclusivement l'encadrement (cadres et agents de maîtrises) soit 6614 salariés touchés contre une base de 19582 enregistrés à la BDF. Il s'agit d'un taux de couverture de 33,8%.

Tableau 16 : Echantillon et couverture de l'enquête sur l'Ivoirisation des cadres 1979

Rubrique	**Entreprises BDF 1979**	**Entreprises ayant répondu**	**Taux de Couverture**
Nombres d'entreprises	2147	271	12,6%
Cadres	8989	2886	32%
Agents de Maîtrise	10593	3728	35%
Total encadrement	**19582**	**6614**	**33,8%**

Source : Direction de l'Emploi

Tableau17 : Résultats escomptés sur les 271 entreprises ayant répondu

Situation	**initial**			**Propositions Ivoirisation**			**Situation fina**		
Nationalité	Cadres	Agents Maîtrise	Total	Cadres	Maîtrises	Total	Cadres	Maîtrises	Total
Ivoiriens	911	2494	3405	856	695	1551	1767	3189	4956
Etrangers	1975	1234	3209	-	-	-	1405	863	2268
Total	**2886**	**3728**	**6614**	**856**	**695**	**1551**	**3172**	**4051**	**7224**
% Ivoiriens	32%	66%	51%	100%	100%	100%	56%	79%	69%

Source : Direction de l'Emploi

A la fin de ce plan prévu pour 1985, le taux d'Ivoirisation devrait pour ces entreprises se situer à 69% avec 56% pour les cadres et 79% pour les Agents de Maîtrises.

Pour les 1551 propositions d'Ivoirisation faites par les 271 entreprises, le tableau ci-après présente les natures de propositions, soit par remplacement, création de nouveaux postes ou par suppressions de poste.

Tableau 18 : Nature des propositions d'Ivoirisation.

Nature	Cadres	Agents de Maîtrise	Ensemble	% ensemble
- Remplacement d'expatriés	552	361	913	59%
- Création de postes	286	324	610	39%
- Suppressions de postes	18	10	28	2%
Total	**856**	**695**	**1551**	**100%**

Source : Direction de l'Emploi

Sur les 1 551 propositions d'Ivoirisation, 59% concernent des remplacements d'expatriés, 39% de création de postes et 2% de suppressions de postes.

On note aussi que sur les 1551 propositions, 1 012 concernent le recrutement de nouveaux travailleurs et 509 seront réalisées par des promotions internes.

La répartition des 1 012 offres d'emplois issues de ces propositions dans le temps, par formation, catégorie professionnelle, diplôme, niveau d'instruction et groupe de métier :

a/ Répartition dans le temps des offres d'emploi du plan d'Ivoirisation

Le plan d'Ivoirisation a été conçu pour 5 ans. Sur cette période, les 1012 offres d'emploi se repartissent comme suit : 40 % en 1980 ; 23 % en 1981 et 17 % en 1982, soit plus des trois quarts au cours des trois premières années.

b/ Répartition par formation professionnelle

59 % des offres s'adressent à des formations techniques ou agricoles et 41 % aux formations administratives et commerciales.

e/ Répartition par Diplôme de Formation Professionnelle

Les offres d'emploi s'adressent essentiellement aux diplômes d'enseignement supérieur :

- 40 % pour les BTS et DUT
- 25 % pour les D E C S et Diplômes d'Ingénieurs

Le niveau du diplôme de formation professionnelle ne détermine pas automatiquement la catégorie professionnelle du poste. Ainsi dans la catégorie Maîtrise, 57 % offres exigent un BTS ou un DUT alors que 8 % exigent un diplôme d'Ingénieur ou équivalent.

d/ Répartition par niveau d'instruction

58 % des offres s'adressent à des travailleurs de niveau supérieur et 28 % pour ceux de niveau secondaire 2ème Cycle.

e/ Répartition par groupe de métier

Le regroupement des métiers à partir de la désignation des postes aboutit à quatre grands groupes :

1. les Emplois techniques qui regroupent tous les ingénieurs, techniciens, Agents de Maîtrise et métiers annuels que les postes de Direction Technique ;
2. les Emplois Administratifs et Commerciaux ;
3. les Emplois financiers et Comptables ;
4. les Autres emplois mal désignés.

Les propositions par recrutement sont plus favorables aux emplois techniques (42 %) et aux emplois administratifs et commerciaux (43 %). Les emplois financiers et comptables ne représentant que les 10 % des offres.

Comme outil de travail, le plan d'Ivoirisation a permis d'avoir des informations nécessaires à la politique d'Ivoirisation malgré l'insuffisance et la faiblesse du degré de fiabilité de ces informations. On pourrait cependant se demander dans quelle mesure les résultats escomptés ont pu être atteints et en d'autres termes, qu'elle a été l'efficacité de ce plan dans le processus global d'Ivoirisation de l'Emploi ?

Pour avoir des éléments de réponse, l'on va analyser ici les résultats acquis sur le terrain en matière d'Ivoirisation.

6.2.3. Résultats acquis en matière d'Ivoirisation

Les publications de la Banque des Données Financières et de l'OMOCI fournissent des informations relatives à l'évolution et à la structure du personnel ivoirien dans le secteur moderne privé et parapublic. Par ailleurs, les résultats d'exploitation des plans d'Ivoirisation servent de source de données.

a/ L'évolution du taux d'ivoirisation

Dans l'ensemble l'ivoirisation globale de l'emploi a connu une évolution marquée par une hausse tendancielle depuis les années 1965 jusqu'à nos jours, en raison d'un taux moyen d'accroissement de 1 ,5 % par an. Cette tendance est plus accentuée depuis les années 1970 avec un accroissement régulier du taux d'ivoirisation qui passe de 50 % en 1970 à 64 % en 1982.

Si l'ivoirisation de l'emploi masculin connait une évolution semblable, l'emploi féminin bénéficie d'une ivoirisation plus rapide ; le taux d'ivoirisation féminin est passé de 44 % en 1970 à près de 72 % en 1982.

Dans le même temps, l'ivoirisation des cadres évolue avec un taux moyen d'accroissement de 8 % par an ; le taux d'ivoirisation des cadres de 18 % en 1970 à 52 % en 1982.

b/ L'ivoirisation par secteur

L'analyse sectorielle montre de grands écarts entre les taux d'ivoirisation à travers les différents secteurs d'activités.

L'ivoirisation est faible dans le secteur primaire (18%) et dans le secteur Industrie chimique (45 %). Les secteurs textile et transports sont les plus ivoirisés (94 % et 84 %).

Si le personnel cadre ivoirien est majoritaire dans les secteurs industries chimiques (70 %) et textiles (68 %) il est minoritaire dans le primaire (18 %), le Bâtiment et Travaux publics (16 %) et les industries sidérurgiques (24 %).

c/ L'ivoirisation par sexe

L'emploi féminin est plus ivoirisé (72 %) dû au fait de la faible proportion des femmes étrangère dans la population. L'ivoirisation de l'emploi masculin reste semblable à l'Ivoirisation globale avec 64 %.

d/ L'ivoirisation par catégorie professionnelle

Le personnel ivoirien est majoritaire au niveau des catégories moyennes : maîtrise, employés qualifiés, employés non qualifiés, ouvriers qualifiés et ouvriers spécialisés. La catégorie cadre est ivoirisée à 52 % en 1982, le personnel de direction étant encore aux mains des non africains dans 78 % des cas. Quant à la catégorie manœuvre, les africains non ivoiriens sont majoritaires (61%).

6.3. Problèmes rencontrés dans le processus d'ivoirisation

Les problèmes rencontrés dans le processus d'ivoirisation s'articulent autour de quatre points : juridique, économique, formation et psychologique. L'analyse des offres d'emplois du plan d'ivoirisation direction de l'emploi 1980.

a/Difficulté d'ordre juridique

Les insuffisances et les faiblesses de la charte d'ivoirisation ne sont pas propres à favoriser l'efficacité de la politique d'ivoirisation. Deux formes de lacunes :

- l'absence de mesures contraignantes pour les employeurs réfractaires ;
- difficultés ou mauvais fonctionnement des institutions.

b/Difficulté d'ordre économique

Le manque d'initiative privée des nationaux et l'absence des considérations sur l'ivoirisation dans l'ex-code des investissements, a constitué un grand frein, non seulement à l'ivoirisation du personnel, mais aussi à l'ivoirisation des capitaux privés, l'un des facteurs importants dans le processus de l'ivoirisation de l'emploi.

c/Difficultés liées au système de formation

L'absence d'adéquation entre la Formation et l'Emploi n'est pas du tout favorable au processus d'ivoirisation.

d/Difficulté d'ordre psychologique

Le recrutement d'un jeune ivoirien diplômé (surtout au niveau cadre) soulève souvent des problèmes de frustration, de conflit de compétence, voire de conflit de promotion au niveau du personnel expatrié déjà en place dans l'entreprise. Pour les éviter, les employeurs utilisent quelquefois des critères de sélection qui du coup éliminent le candidat ivoirien. Une telle pratique n'est pas propre à favoriser l'ivoirisation.

En conclusion, le point sur l'ivoirisation de l'emploi dans le secteur moderne a permis de retenir les éléments ci-après :

i) Au niveau historique, institutionnel et conceptuel :

- l'ivoirisation est un terme issu de l'africanisation ;
- il est pris comme élément dans la stratégie de développement dans le milieu des années 70 avec pour concrétisation, la naissance d'un ministère chargé, entre autre, de la question et dont les orientations et les actions sont définies dans une charte dite charte de l'ivoirisation ;

- il s'agit d'un concept qui fait l'objet de nombreuses interprétations dont la référence immédiate est *"l'ivoirisation des cadres"*. En fait, l'ivoirisation est un processus complexe qui doit déboucher sur la maîtrise par les nationaux de leur économie (décision, exécution, techniques et technologie) ; il n'est pas la réponse systématique à la crise de l'emploi est un élément de la politique globale et nationale de l'emploi.

ii) Au niveau du bilan :

- les institutions n'ont toujours pas pu bien fonctionner de façon générale à cause des difficultés d'application de la charte qui n'a pas force de loi (de nombreuses entreprises n'ont pas répondu au plan d'ivoirisation) ;
- s'agissant des résultats concrets, malgré un effort réel amorcé avec la naissance du ministère chargé de la question en 1977, l'ivoirisation de l'emploi piétine au niveau de l'encadrement (cadres + direction) de façon différentielle par secteur avec des niveaux bas dans le primaire, le bâtiment et travaux publics et les industries sidérurgiques ;
- d'autre part, il faut noter que très souvent, les cadres ivoiriens ont un pouvoir de décision qui les met au niveau de l'agent de maîtrise étranger et que les postes les plus ivoirisés sont ceux relatifs à un emploi administratif ou commercial, cadres ou non cadres.

En outre, l'on exige plus pour le recrutement d'un cadre ivoirien, notamment l'expérience professionnelle pour des postes où l’individu qui le détient (ou le détenait) ou n'en avait pas autant :

- il existe une corrélation entre l'ivoirisation de l’emploi et celle du capital mais cette dernière n'est pas le facteur principal ;
- les problèmes rencontrés sont de multiples ordres économiques, psychologiques, les systèmes de formations, et juridiques ; en effet, on peut noter : l'inexistence de l'entreprise nationale, les préjugés ou blocages tant au niveau des nationaux que des étrangers ou confier la gestion de leurs affaires à des ivoiriens (manque de confiance, refus de se voir remplacer, crainte de perte du pouvoir et des privilèges conséquents, incertitude au retour de l'expatrié, le goût de la

facilité et l'appétit du gain rapide dans l'esprit de nombreux jeunes diplômés ou cadres ivoiriens qui (en) font d'eux en définitive, de mauvais gestionnaires), l'inadéquation de la formation à l'emploi et les limites d'application et de fonctionnement des institutions.

iii) Au niveau de la stratégie future

Elle est basée sur :

- une redynamisation des structures avec l'appui législatif (aménagement dans les textes notamment la charte de l'ivoirisation qui doit devenir le code de l'ivoirisation), et la création d'une commission nationale des ressources humaines ;
- un renforcement et une orientation du discours dans le sens d'une préparation psychologique au changement des habitudes, à la création de l'entreprise nationale, à l'implication de tous les agents économiques etc. ;
- une opération en direction de la participation des employés (cadres ou non cadres) à la vie de l'entreprise par l'acquisition d'actions ;
- des actions vers l'adéquation formation-emploi (commission nationale des ressources humaines), suivi permanent et la méthodologie qui doit être modulée par secteur et niveau de qualification.

VII. SECTEUR INFORMEL

Secteur informel, secteur non structuré[47], petits métiers, économie souterraine, économie en parallèle, dualisme, etc., tant de qualificatifs attribués à des activités qui, jusqu'à une date récente, ont été négligées, oubliées et même qualifiées d'illégales parce qu'évoluant en dehors du cadre formel, officiel, réglementaire et mesurable, ainsi que des priorités des politiques de croissance basées sur l'industrialisation accélérée de nos sociétés.

Une génération après les indépendances en Afrique, malgré des progrès et des niveaux de croissance élevés enregistrés ici ou là, la réalité est dure et incontournable : c'est celle des limites des stratégies du début des indépendances qui ont plutôt engendré le mal développement, renforcé la dépendance de nos économies vis-à-vis de l'extérieur, notamment des pays industrialisés, la pauvreté habite la majorité des populations, à laquelle sont venues s'ajouter des calamités naturelles, dont la sécheresse. Les emplois créés par l'industrialisation naissante et l'administration n'ont pu absorber la main-d'œuvre, notamment les migrants venant des zones rurales pour la Côte d'Ivoire et ceux provenant des pays voisins.

Malgré tout, le chômage a pu être contenu jusqu'au début des années quatre-vingt. Où se retrouvait donc ce surplus de main-d'œuvre, non qualifiée, déscolarisée ou migrante ?

C'est justement à partir de cette interrogation que l'on s'est rendu compte de l'existence d'un secteur qui se développait en marge du cadre officiel d'absorption des chômeurs.

Entre 1985 et 1990[48], la crise économique s'est accentuée, le secteur moderne a compressé. En Côte d'Ivoire, plus de 60.000 salariés ont perdu leur emploi entre 1980 et 1985, soit 300.000 personnes dont le revenu et la survie sont menacés si l'on considère qu'un salarié est responsable de cinq personnes en moyenne. Le nombre de chômeurs est estimé à 605.000 personnes en 1985, soit 11 pour cent de la

[47] BIT, Paul Koffi Koffi, *séminaire national sur la promotion du secteur informel en Côte d'Ivoire*, 1987.
[48] BIT, Paul Koffi Koffi idem.

population active. C'est donc une nécessité que d'atténuer le chômage et un autre fléau, le sous-emploi, d'où la volonté de promouvoir ce secteur jusque-là marginalisé par les administrateurs, les planificateurs et les décideurs.

Le secteur dit informel, après des études menées dans différents pays en développement, notamment en Amérique latine, en Asie ou en Afrique, est reconnu comme un secteur créateur d'emplois productifs susceptible d'être l'élément d'une nouvelle stratégie du développement tournée vers l'intérieur, la satisfaction des besoins essentiels de la population.

C'est pour valoriser ce secteur que le ministère du travail en 1987 organise un séminaire de portée nationale et internationale avec le BIT. Il s'agit de manière précise de :

a) tenter d'éclairer sur les comptes usuels permettant d'apprécier les problèmes de l'emploi et faire une typologie des activités informelles ;

b) mettre en évidence le poids et le rôle du secteur informel dans l'économie nationale au niveau de la production, de l'emploi et de la satisfaction des besoins essentiels ;

c) proposer des orientations de politique de promotion de l'emploi informel en mettant l'accent sur les difficultés de parcours que le séminaire devrait lever par les recommandations qui seront faites.

7.1. Concept du secteur informel

L'une des difficultés d'approche ou d'intégration du secteur informel dans le système national de planification réside dans l'absence de concepts appropriés pour le comprendre. Il nous appartient donc au cours du séminaire de faire un rappel utile sur les concepts usuels qui sont la base de la compréhension des problèmes de l'emploi.

Ensuite, nous tenterons d'éclairer le séminaire sur la conception actuelle du secteur informel qui a fait l'objet de plusieurs rencontres internationales comme celle de haut niveau à Rabat, au Maroc, en octobre 1984, organisée conjointement par l'Association Internationale des Statisticiens d'Enquêtes (AISE), l'Institut National de Statistique et des Etudes Economiques (INSEE), le gouvernement marocain avec la collaboration du BIT et de l'ORSTOM.

Le secteur informel utilise près de 17 pour cent de la population active et représente 60 pour cent des emplois urbains. Secteur très hétérogène, secteur dit également des "petits métiers", des artisans, nous allons essayer d'en brosser une typologie.

7.2. Typologie du secteur informel

Les enquêtes et études sur le secteur informel permettent de distinguer trois types de définitions : approches empiriques, définitions fonctionnelles, définitions multicritères.

i) Approches empiriques

Elles mettent en évidence la liaison du secteur informel avec le cadre légal, formel ou officiel en place (administratif, juridique et statistique). Ainsi, le secteur informel est le secteur qui échappe au cadre ci-dessus mentionné, c'est-à-dire non appréhendé par les structures et textes réglementant l'activité économique (impôts, sécurité sociale, travail, etc.), de même que par le système officiel de statistique.

A ce niveau, on parle aussi d'absence d'enregistrement, approche développée par le BIT, c'est-à-dire l'adhésion ou non de l'entreprise aux règles fiscales, de sécurité sociale, au système de comptabilité officiel, etc.

ii) Définitions fonctionnelles

Elles mettent l'accent sur les interrelations entre le secteur informel et le secteur moderne auquel son existence est rattachée. Ainsi, le secteur informel est la traduction ou la conséquence du développement des emplois modernes dans les pays en développement.

Dans ces conditions, il est un secteur de transition, une réserve de main-d'œuvre où l'industrie moderne peut se ravitailler en force de travail.

iii) Définitions multicritères

Les approches, de type analytique, tentent de trouver des caractéristiques spécifiques aux activités informelles en dehors de leur système d'enregistrement. Elles mettent l'accent sur le niveau et degré d'organisation.

Ainsi, dans la majorité des cas, les critères suivants sont énumérés : le système de production (utilisation des ressources, niveau de technologie, etc.) et le chiffre d'affaires ; la formation et la qualification du personnel ; le système d'approvisionnement et de distribution ; la taille de l'activité (petite échelle des activités) ; l'accès au crédit et aux marchés publics, etc.

En Côte d'Ivoire, les enquêtes menées ont actuellement mis l'accent sur les approches empiriques, notamment l'absence ou non d'enregistrement dans le domaine comptable (1976). Nous pensons que les définitions prenant en compte les trois préoccupations pourraient ainsi être plus opératoires.

De toute manière, le secteur informel est composé d'activités hétérogènes, non agricoles, et hors du secteur moderne répondant aux éléments suivants : utilisation de main-d'œuvre abondante et peu qualifiée ; formation acquise essentiellement sur le tas ; entreprise de petite taille (moins de 15 employés en moyenne) ; techniques de production simples et principalement manuelles ; absence de réglementation et d'enregistrement (échappe à la fiscalité, à la sécurité sociale, à l'embauche officielle, comptabilité normalisée quasi absente, etc.), présence importante d'apprentis et d'aides familiaux ; utilisation d'une main-d'œuvre jeune et/ou féminine nombreuse ; faible ouverture sur le marché international.

iv) Classification des activités informelles

Quelles que soient les approches, le secteur informel se caractérise par des activités qui s'exercent soit dans le local prévu à cet effet (un établissement), soit en dehors d'un local de façon itinérante ou totalement ambulante, d'où les termes localisé/non localisé, sédentaire/non sédentaire.

Le secteur informel localisé comprend les activités s'effectuant dans un établissement (reconnaissable ou identifiable). Le secteur informel non localisé est l'ensemble des activités sur chantier, à domicile ou ambulantes.

Le BIT utilise une terminologie similaire, à savoir le secteur informel sédentaire/secteur informel non sédentaire. On entend par secteur informel sédentaire l'ensemble des activités localisées, en les subdivisant en activités sur marché et hors marché. Le secteur informel non sédentaire comprend des activités semi-itinérantes (comme les commerçants sur rue ou autour des chantiers), et ambulantes (vendeuses de beignets, tailleurs ambulants, etc.).

Les activités à domicile, dans la mesure où elles sont sédentaires, peuvent appartenir au sous-secteur sédentaire. Dans d'autres situations, elles peuvent être considérées comme non localisées. Tout dépend du contenu que l'on donne aux termes. Le problème réside dans l'évaluation des activités non localisées ou non sédentaires.

En conclusion, sur les concepts et la typologie du secteur informel, il faut retenir que ce secteur reste assez mal connu et que les concepts usuels ne permettent pas toujours de mieux l'apprécier, ce qui a pour conséquence une pluralité de définitions. Malgré le degré de connaissance du secteur encore faible, il est important d'apprécier son rôle dans l'économie nationale.

7.3. Place du secteur informel dans l'économie nationale

Quel est le poids du secteur informel dans l'économie nationale ? C'est à cette épineuse question que l'on va tenter de répondre à travers la contribution de ce secteur à la production nationale, donc au revenu, à l'emploi comme source d'utilisation de la main-d'œuvre et à la satisfaction des besoins essentiels de la population.

Contribution à la production nationale

La comptabilité nationale jusqu'à ce jour a mis l'accent sur l'évaluation de l'économie monétarisée, donc aux activités marchandes du secteur moderne. En effet, l'élaboration des comptes de secteur repose sur les déclarations obligatoires annuelles auxquelles sont soumises les entreprises dans le cadre du dépôt de leur bilan. Ceci signifie qu'à priori les activités ne déposant pas de bilan, donc ne tenant pas de comptabilité normalisée ou échappant au fisc, ne sont pas couvertes. C'est ainsi que l'on affecte au secteur ménage les entrepreneurs dits individuels qui comprennent, entre autres, les activités informelles, d'où la difficulté à évaluer la contribution du secteur informel au PIB et au revenu national. Une tentative est entreprise aujourd'hui par le système des matrices de comptabilité sociale (MACS), initié par les Nations Unies, dont une expérience est tentée en Côte d'Ivoire.

En 1982, on a évalué à 1.146 milliards de francs CFA le montant de la valeur ajoutée brute des entrepreneurs individuels dans un PIB global estimé à 2.487 milliards de francs CFA, soit 46 pour cent. Si l'on exclut les exploitants agricoles et certains entrepreneurs individuels du secteur moderne, on peut estimer la contribution du secteur informel au PIB entre 12 et 20 pour cent, alors que les institutions financières modernes (banques et assurances) contribuent pour 4 pour cent.

Ainsi, l'on ne peut ignorer aujourd'hui le poids du secteur informel comme créateur de richesses et distributeur de revenus dans notre pays et dans l'ensemble des pays en développement. Si cette contribution à la production et au revenu est importante, le secteur informel est également reconnu comme principal utilisateur de la main-d'œuvre en milieu urbain.

Secteur informel et création d'emplois

Jusqu'à la fin des années soixante et au début des années soixante-dix, la politique économique était essentiellement orientée vers l'industrialisation par import substitution qui devrait également être source de création d'emplois. Ainsi, les activités autres qu'agricoles qui n'étaient pas prises en compte dans cette stratégie de développement étaient qualifiées de traditionnelles ou de chômage déguisé avec toute une connotation négative (activités dégradantes, salissantes, etc.).

Les pouvoirs publics indifférents regardaient ces activités comme illégales, frauduleuses, etc. Aujourd'hui, on leur porte un autre regard dans la mesure où les premières stratégies n'ont pas atteint tous les objectifs escomptés et que le chômage urbain depuis 1980 s'est accéléré avec la crise économique. Quel est donc le volume de l'emploi généré par le secteur informel ? L'on pense que près de 60 pour cent environ en Afrique des emplois urbains sont informels. En Côte d'Ivoire, dans certaines villes ou communes, ce taux peut avoisiner 80 pour cent et constitue la source principale des taxes municipales.

Nous pensons que les estimations faites sur le volume de l'emploi du secteur informel restent jusqu'à présent sous-évaluées, compte tenu de l'existence d'activités non sédentaires ou non localisées nombreuses. En 1985, en toute vraisemblance, le secteur informel (sédentaire ou non sédentaire, tous milieux confondus) occupait 17 pour cent de la population active en Côte d'Ivoire, soit 910.000 actifs, dont plus de 85 pour cent en milieu urbain, soit environ plus du double des emplois modernes.

Quelques points de repère

Les activités informelles en Côte d'Ivoire se retrouvent essentiellement dans le tertiaire (commerce et services : 65,6 pour cent), puis le textile, le transport, la transformation du bois (menuiserie) et la réparation mécanique et électrique.

Ce secteur utilise une nombreuse main-d'œuvre non ivoirienne où l'activité de commerce ou de services est par exemple détenue à près de 60 pour cent par des non-nationaux. D'autre part, l'enquête ONFP montre que le secteur informel emploie plus de femmes que le secteur moderne. Les activités de marché sont à près de 90 pour cent occupées par des femmes (1976). Les travailleurs du secteur informel sont essentiellement chefs d'entreprise (entrepreneurs individuels), apprentis ou aides familiaux.

7.4. Secteur informel et satisfaction des besoins essentiels

Une autre question fondamentale sur la place du secteur informel dans l'économie nationale concerne sa capacité de satisfaction des besoins essentiels.

En effet, depuis la Conférence mondiale de l'emploi en 1976 par le BIT, une orientation des stratégies de développement, reconnaissant les limites des politiques encouragées jusqu'au milieu des années soixante-dix, basées sur la croissance économique, a été donnée dans le sens de la satisfaction des besoins essentiels, la croissance ne devenant qu'un moyen et un support.

Ces besoins essentiels, qui varient d'un pays à un autre compte tenu du niveau de développement, peuvent malgré tout se résumer à l'alimentation, la santé, l'éducation et la formation, l'emploi, l'accès aux infrastructures telles que le logement, le transport, l'eau, l'électricité, etc. Le problème est donc de faire en sorte que la majorité de la population accède à la majorité de la population accède à la satisfaction de ces besoins qui, sans conteste, conditionnent son bien-être

En effet, pour que la majorité accède à une alimentation abondante et saine, une santé équilibrée, une éducation minimum et une formation appropriée, aux logements, aux transports, à l'eau et à l'électricité, il faut qu'elle dispose d'un revenu au-dessus du minimum vital. Donc promouvoir l'emploi et résorber le chômage c'est tout simplement assurer le développement du pays par une meilleure utilisation des ressources humaines.

La situation de la décennie 80/90 est que la majorité de la population ne peut s'offrir, dans des conditions normales, les biens et les services énumérés proposés par le secteur moderne. Prenons l'exemple de l'habillement et de la réparation mécanique : la majorité des ivoiriens continue à s'habiller chez le tailleur du quartier ou à faire réparer leur véhicule chez le garagiste d'à côté. Il n'est pas rare de voir des véhicules administratifs en stationnement chez le mécanicien informel, alors que celui-ci n'a pas accès aux marchés publics ; aujourd'hui, on préfère inviter un ami à manger dans un "maquis" où se restaure plus de la majorité des travailleurs (secteur public ou privé) qui ne rentrent pas chez eux à midi.

Il apparaît clairement que le secteur informel offre des biens et services à la majorité de la population et contribue par conséquent à la satisfaction de ses besoins. Ainsi, le marché constitue la source principale de distribution des produits alimentaires provenant du monde rural ; les guérisseurs demeurent le service de santé le plus utilisé de la majorité de la population (milieux rural et urbain) ; les besoins en logement sont loin d'être satisfaits, ce qui contribue à maintenir l'existence des bidonvilles autour des zones urbaines ; le transport reste dominé par les moyens informels ; la majorité de la population n'a pas accès à l'eau courante et à l'électricité ni au téléphone.

Les activités de spectacle (musique, théâtre, danse, sport) sont exercées en milieu informel, et pourtant qui ne reconnaît pas les talents de nos artistes qui contribuent à promouvoir notre culture et à nous divertir. Voilà donc une réalité incontournable de ce que représentent aujourd'hui, et sans doute demain, la place et le poids du secteur informel dans l'économie nationale.

Enfin, le secteur non structuré aide au recyclage des produits usés du secteur moderne et s'intègre aisément dans le paysage social africain (rapports amicaux et personnalisés entre le producteur et le consommateur) et protège l'environnement.

La responsabilité, c'est de remettre en cause la vision du développement basée sur la croissance. Les chercheurs, administrateurs, planificateurs, décideurs, etc. devront intégrer comme une priorité la promotion du secteur informel plutôt que la considérer comme un secteur primitif, marginal, de "petits métiers", etc., même si des problèmes existent et qu'ils ne sont pas les moindres.

7.5. Promotion du secteur informel

Les orientations de la politique de l'emploi

L'objectif essentiel du séminaire d'octobre 1987, qui est de contribuer à la promotion du secteur informel comme élément de résorption du chômage et de création de revenu, s'inscrit dans les actions prioritaires de la politique de l'emploi pour la décennie 1985-1995.

Cette politique s'articule autour de trois axes : 1) le développement et la promotion des activités rurales informelles et des PME ; 2) l'adaptation de la formation à l'emploi ; 3) la poursuite de l'ivoirisation et l'amélioration des conditions de travail et de la réglementation y afférente.

La mise en œuvre de cette politique devra aboutir à terme pour atténuer le chômage sous toutes ses formes (conjoncturel, structurel, intellectuel, etc.) et le sous-emploi, ainsi qu'améliorer les conditions de travail.

Le premier volet de cette stratégie est de sensibiliser les agents économiques aux problèmes de l'emploi qui ne doivent plus être la préoccupation des seuls gouvernants, de susciter les rencontres, les discussions et débats, d'où l'organisation d'une série de séminaires comme celui d'aujourd'hui ou celui de 1986 sur les conditions de travail ; un séminaire est également prévu en novembre-décembre sur la croissance démographique, l'urbanisation et l'emploi avec l'appui de l'USAID.

Le deuxième volet consiste à initier des études et recherches qui doivent déboucher sur une meilleure appréciation des distorsions et des propositions d'action, ce qui justifie les efforts entrepris depuis deux ans en vue d'étoffer l'équipe d'étude de la direction de l'emploi et de renforcer les compétences nationales.

Ainsi, dans le cadre des recrutements des diplômés de l'enseignement supérieur, engagés par la fonction publique, 21 nouveaux agents ont été mis à la disposition de la direction de l'emploi, tous de niveau au moins égal à la licence et jusqu'au doctorat dans les domaines des sciences économiques, du droit, de la sociologie, de la psychologie, sans oublier des statisticiens issus de l'École Nationale Supérieure de la Statistique et d'Économie Appliquée (ENSEA) ainsi que des informaticiens.

Le troisième volet vise la restructuration des services de l'emploi et l'initiation des programmes d'emploi, de concert avec les partenaires intéressés. A ce niveau, avec l'appui du BIT, une restructuration de l'OMOCI a été engagée pour le rendre plus performant et efficace dans ses interventions de régulation du marché du travail (prospection des offres, sélection et orientation des candidats, informatisation des fichiers demande/offre, élaboration d'un répertoire national des métiers et emplois, etc.).

Il est envisagé un Comité national de l'emploi en vue d'instaurer une concertation permanente et une coordination sur les actions de promotion de l'emploi dans les différents secteurs d'activité, dont un sous-comité chargé de l'emploi informel. En ce qui concerne les programmes d'emploi, il faut préciser que le ministère du Travail ne crée pas directement des emplois, mais il a un rôle canalisateur, de conception, d'incitation, d'orientation, voire d'assistance et de conseil. Notre action ne peut se faire sans les partenaires sectoriels comme, par exemple, l'éducation, l'industrie, le commerce, la promotion de la femme, le tourisme, etc., et tout ceci devant être intégré dans le plan de développement en vue d'assurer la cohérence au niveau national, avec l'appui des employeurs et des travailleurs.

En termes clairs, les programmes que nous initions ont un caractère incitatif ou peuvent faire l'objet de projets pilotes. A ce titre, quatre programmes majeurs sont proposés : programme pour l'amélioration du système d'information et de planification du marché de l'emploi ; programme pour la promotion de l'emploi des nationaux ; programme pour la promotion du secteur informel ; programme pour l'emploi des jeunes.

Le secteur informel, comme on le voit, est une priorité dans les actions de promotion de l'emploi du ministère du travail.

Le programme de promotion du secteur informel

Le programme s'articule autour des quatre thèmes qui font l'objet du séminaire : mise en place d'un système de suivi et de planification de l'emploi informel ; actions d'organisation et aspects institutionnels ; assistance technique et financière ; formation et apprentissage.

Le séminaire permettra de donner un réel contenu au programme par les recommandations qui vont en découler et par le consensus national qui sera obtenu.

La mise en place d'un système de suivi et de planification du secteur informel

Toute promotion du secteur passe par une connaissance des activités générées tant du point de vue du volume de l'emploi que des caractéristiques propres (degré d'enregistrement, taille, technologie, apport en main-d'œuvre féminine, répartition sectorielle, etc.).

Sans faire la critique des informations actuelles et disponibles sur le secteur informel, il faut dire qu'il demeure la grande inconnue dans le système national d'information sur le marché du travail. A ce titre, les recommandations du Séminaire régional sur le système d'information sur le marché du travail dans les pays africains francophones, tenu en février 1986 à Abidjan, et organisé par le BIT et la DANIDA (Agence Danoise pour le Développement), et de celui interrégional sur le même sujet, tenu à Copenhague (Danemark) en octobre 1986, ont accordé la priorité pour les pays en développement à faire des efforts en direction du secteur informel.

Il s'agit donc de mettre en place un dispositif permanent d'enquête d'études en vue d'intégrer pleinement le secteur informel dans la planification de l'emploi. Ce dispositif pourrait comprendre :

- une enquête de type lourd comme un recensement quinquennal tel qu'il a été réalisé par l'ONFP auprès des activités localisées ;

- une enquête de type léger annuelle, avec l'appui des municipalités, dont il faut exploiter les sources de données ;
- une enquête emploi auprès des ménages pour mieux saisir l'occupation de la population, notamment dans les activités non localisées ;
- la remise en route du répertoire ivoirien opérationnel des métiers et emplois (RIOME) pour les problèmes de nomenclature et de concept ;
- la mise en œuvre d'études sectorielles de type quantitatif et qualitatif pour percer le fonctionnement des activités informelles et relations de travail, etc., dans un cadre pluridisciplinaire (chercheurs, économistes, statisticiens, juristes, administrateurs du travail, planificateurs, etc.).

Organisation et aspects institutionnels

Si le développement rapide du secteur informel est dû en partie à sa situation "informelle", c'est-à-dire à son évolution "incontrôlée" et spontanée, donc en dehors du cadre légal et réglementaire des activités (fiscalité, embauche, sécurité sociale, etc.), force est de reconnaître également que cette évolution parallèle représente dans une certaine mesure un frein à son "intégration réelle dans la planification de l'emploi, donc du développement, et par conséquent à sa promotion dans la transparence.

D'autre part, s'il est vrai que ce secteur est créateur d'emplois et contribue à la production nationale, certaines activités ne sont pas saines et peuvent entretenir la délinquance ou l'exploitation des jeunes ; d'autres fonctionnent sur le principe du racket ou dans des conditions d'hygiène et de sécurité déplorables, notamment la restauration sur rue ou ambulante, le travail dans les locaux délabrés ou vétustes où l'effort physique exigé aux femmes et aux enfants est élevé, sans oublier les horaires de travail quelquefois difficiles et l'absence de repos hebdomadaire ou de congé annuel; dans certains "maquis" par exemple, le travail commence à 5 ou 6 heures du matin pour s'achever à 24 heures avec la même équipe.

Beaucoup de professionnels exercent de façon individuelle et se livrent ainsi à une concurrence farouche alors qu'ils pourraient gagner à s'organiser en coopérative, voire en groupement professionnel, pour développer un esprit coopératif et associatif. Notre intention n'est pas "d'organiser" le secteur informel sur les principes réglementaires du secteur moderne, mais de mettre en place un dispositif organisationnel et institutionnel visant les objectifs suivants :

- renforcer la coordination et la collaboration des structures gouvernementales ou non gouvernementales intervenant dans la promotion du secteur informel ;
- aider les artisans, les professionnels informels et les jeunes désireux de s'installer (déscolarisés, diplômés ou non) à s'organiser en groupement professionnel ou coopérative de production, de commercialisation ou de prestation de services dans des secteurs sains, créateurs d'emplois productifs et permanents, et exerçant dans des conditions respectant l'hygiène et la sécurité des biens et services produits des lieux de travail et publics, ainsi que des personnes(producteurs et consommateurs) ;
- atténuer le sous-emploi et le chômage déguisé très élevé dans le secteur informel, notamment semi-itinérant et ambulant.

Il s'agit en définitive de définir le cadre institutionnel par lequel on peut reconnaître et promouvoir le secteur informel.

L'effort de sensibilisation de l'autorité à admettre, autoriser même de façon implicite, les activités informelles, est à poursuivre puisqu'il est démontré qu'elles contribuent à la production nationale, à l'emploi et à la satisfaction des besoins de consommation de la majorité de la population. A cet effet, s'il est vrai que certaines activités sont malsaines, il faudrait souhaiter une meilleure compréhension de la part des agents de la sécurité publique et des municipalités à reconnaître et à admettre celles qui ne le sont pas.

Au niveau des autres partenaires pour lesquels le secteur informel peut paraître comme concurrent des activités modernes qu'ils encadrent, notamment dans le commerce et certains services, il ne faudrait pas oublier que le secteur moderne ne peut aujourd'hui atteindre le grand public de consommateurs ruraux et urbains sans transiter par le secteur informel (commerçants détaillants, mécaniciens, réparateurs d'appareils électroménagers, ébénistes, tâcherons, tailleurs, etc.) qui s'approvisionne auprès des entreprises privées ou PME industrielles ou commerciales. Exemple, le pagne de chez UNIWAX ou GONFREVILLE, le bonbon de chez ABINADER, l'huile et le savon de chez BLOHORN, le sucre de la SODESUCRE, les pièces détachées automobiles atteignent le consommateur final de la ville ou du village par l'intermédiaire des détaillants informels.

En définitive, toute tentative de mettre au pas par une réglementation systématique ou même par l'obligation de s'aligner sur le cadre légal ou réglementaire actuel serait suicidaire pour le secteur informel et contribuerait à élever le niveau du chômage, avec ses conséquences sociales et économiques.

Formation et apprentissage

L'un des problèmes majeurs dans la promotion du secteur informel réside dans la formation. Cette difficulté que représente la formation revêt trois aspects :

- ✓ le niveau d'instruction, de formation et de qualification professionnelle des dirigeants et employés du secteur informel, ainsi que le système actuel de formation utilisé pour acquérir les connaissances et compétences pour l'exercice de leur métier ;
- ✓ l'impact du système officiel de formation sur l'insertion des jeunes dans le secteur informel ;
- ✓ la reconnaissance et la validation des compétences des "travailleurs informels".

En ce qui concerne le premier point, la formation sur le tas et l'apprentissage sont les formes privilégiées d'acquisition des connaissances et des compétences dans le secteur informel; ainsi, par rapport au système classique, les acteurs du secteur informel ont un "niveau bas" très peu qualifié.

Des efforts doivent donc être entrepris afin d'élever leur niveau de connaissances (pratiques, voire théoriques) et leur savoir-faire (compétence nécessaire à l'élimination du sous-emploi et à l'introduction de l'innovation) en vue de l'amélioration de la productivité et d'une meilleure utilisation du temps et des matières premières, ainsi qu'à une bonne organisation du travail (préparation des tâches, enregistrement des recettes et dépenses).

VIII. POLITIQUES ET PROGRAMMES D'EMPLOI

Il s'agit ici de faire un tour d'horizon sur les politiques et programmes d'emplois mises en œuvre, en partant du fondement théorique du capital humain.

8.1. Théorie du capital humain

Il faut remonter à la théorie du capital humain pour bien cerner les fondements des politiques d'emplois. En partant du principe que la production est la combinaison des facteurs que sont la main-d'œuvre, la force de travail, c'est-à-dire l'homme comme ressources, d'une part, et la machine d'autre part, les économistes estiment qu'il faille à la fois investir dans le capital physique c'est-à-dire acquérir des machines mais aussi et surtout avoir de la main-d'œuvre à forte productivité, bien formée et bien qualifiée.

L'investissement en capital humain est une politique publique essentielle dans tous les pays du monde. Il favorise la croissance et l'emploi. Depuis Adam Smith[49], la plupart des économistes reconnaissent que les compétences de la main d'œuvre d'un pays représentent un de ses atouts concurrentiels les plus importants. En réalité les origines de la théorie moderne du capital humain remontent toutefois aux années 60, avec Theodore Schultz[50], puis Gary Becker[51], en démontrant qu'on tire de la croissance économique par l'investissement dans le capital humain.

D'autres théoriciens comme Romer, Barro[52] et Lucas[53], ont contribué à renforcer cette thèse qui affirme que le capital humain est un facteur déterminant de la croissance économique. Il se dégage que

---

[49] Adam Smith, *richesse des nations*

[50] Theodore Schultz, *Investment in Human Capital: The role of education and of research,1971*

[51] Garry Becker, *Human Capital, A Theoretical and Empirical Analysis, with Special Reference to Education*, Columbia University 1964

[52] Robert Barro and I Grossman, "A General Disequilibrium Model of Income and Employment", American Economic Review, Vol 61, March, pp82–93Barro

[53] Robert Lucas Lucas R. E. Jr. et L. Rapping (1969) "Real Wages, Employment, and Inflation", Journal of Political Economy, vol. 77, pp. 721-754.

l'éducation et la formation sont les ingrédients pour un capital humain performant. L'éducation comprend ici la formation initiale (scolaire et universitaire) mais la notion de « capital humain » peut s'étendre aux apprentissages « informels » et surtout s'appliquer à la formation continue.

Les politiques relatives à la famille mais aussi à l'aide sociale et à la santé ont semble-t-il une influence déterminante dans l'acquisition de capital humain. La transition de l'école au milieu de travail et la formation des adultes représentent en effet un autre enjeu important. Le capital humain peut se déprécier si les compétences acquises ne sont pas maintenues en bon état par un usage régulier. De ce point de vue, le chômage de longue durée et le chômage des jeunes peuvent conduire à une dégradation des connaissances et des compétences. Le capital humain est formé de plusieurs éléments dont trois déterminent une certaine aptitude de l'individu à travailler :

- les compétences,
- les expériences,
- et les savoirs.

Le capital humain s'entretient par l'éducation et la formation y compris la formation continue, il se préserve par la santé. Il produit un bénéfice, il crée de la richesse (les biens et services, ainsi que les revenus.)

Ainsi, la théorie du capital humain assure qu'il est plus rentable d'investir dans l'éducation et la formation des individus que dans les machines et les usines, le retour sur investissement est plus important sur le long terme.

8.2. Politiques d'emplois

Un objectif en matière d'emploi est un engagement politique explicite à atteindre un certain résultat sur le marché du travail, généralement dans un délai fixé. Cet objectif accompagné ou pas d'objectifs secondaires fait l'objet de stratégies à traduire en termes d'activités dans plusieurs secteurs à caractère institutionnel, de renforcement de capacité ou d'investissements. Lorsque la crise économique et le chômage sont importants, cela devient impérieux pour relancer la machine économique et d'occuper les personnes actives.

Il est donc essentiel d'avoir en temps utile des informations ciblées sur le marché du travail :

- Quelles sont les activités économiques et quel est le volume et la structure de la population (sexe, âge, résidence, nationalité, etc.) ?
- Quel est le volume de la main d'œuvre et sa composition ?
- Quelle est la situation du marché de l'emploi ?
- Combien y a-t-il de chômeurs, de demandeurs d'emplois, d'entreprises etc. ?

Quelle est la durée du travail et le niveau de salaire ?

- Quelles sont les inégalités face à l'emploi ?
- Quels sont les niveaux d'éducation, de formation ou de qualification de la population et de la main d'œuvre ?

Il faut disposer de statistiques, d'études et d'analyses sur ces questions. Il y a des politiques axées sur l'offre d'emploi et d'autres sur la demande d'emploi.

8.2.1. Politiques d'offre

L'offre d'emploi se rapporte au secteur de production. C'est lui qui crée les emplois et offre les opportunités d'occupation de la demande. L'offre d'emploi équivaut à la demande de main-d'œuvre et la demande d'emploi équivaut à l'offre de travail, à l'offre de main-d'œuvre, à la population active soit occupée ou non occupée.

Le lien est direct avec la croissance économique. C'est ce lien qui est mis en évidence entre l'emploi et le chiffre d'affaires des entreprises. Les entreprises créent des emplois parce qu'elles ont des objectifs de production.

Ainsi, les politiques de l'offre peuvent se développer, à partir de la productivité moyenne ou marginale du travail. En effet, on peut déterminer le nombre d'emplois à créer par une économie en croissance. C'est d'ailleurs la thèse classique.

Par ailleurs, l'Etat peut envisager des incitations de l'offre par des primes à l'embauche pour les entreprises.

L'Etat peut également soutenir financièrement les entrepreneurs par des prêts à l'installation pour les PME, dans l'auto-emploi, ou dans le secteur informel, soit par des prêts directs ou à la mise en place de fonds de garantie, pour favoriser l'accès au crédit.

Au plan fiscal, l'Etat peut exonérer des entreprises de certains impôts pour qu'elles puissent investir en créant des emplois à travers sa politique fiscale (code d'investissement, code minier, code pétrolier, BIC, TVA, etc.) au plan général ou dans certains secteurs innovants comme le numérique.

L'Etat peut aussi initier des grands travaux à forte composante de main-d'œuvre dans les programmes d'infrastructures ou des programmes HIMO.

Ensuite, il est possible d'agir sur la règlementation du travail, qui comporte un ensemble de mesures pour favoriser par exemple l'embauche, la rémunération, la durée du travail, l'âge de la retraite etc. On peut également agir sur l'organisation du travail, ou sur les procédures d'embauche pour rendre le marché de l'emploi plus flexible, ou les règles de licenciement plus rigides.

La relation entre la réglementation du marché du travail et les activités informelles : quel est l'effet de la réglementation et des institutions du marché du travail sur l'évolution vers le secteur informel. Quelle réglementation du marché du travail pourrait agir sur l'offre de façon à réorienter l'économie informelle vers l'économie formelle ?

En milieu rural, il est possible de faciliter l'accès à l'outil de production notamment la terre, les intrants comme les semences, les engrais, mais aussi aménager les espaces ou des périmètres irrigués, améliorer les prix aux producteurs, ou à la commercialisation.

En définitive, on note que la promotion du secteur informel et celle du secteur agricole font partie des politiques de l'offre quand on les stimule. Le développement de ces deux secteurs, compte tenu de la volonté de politique économique de moderniser l'économie, apparaît comme le moyen, le plus sûr d'atténuer le chômage urbain et le sous-emploi rural, ainsi que d'établir l'équilibre sectoriel et régional, par des actions comme suit :

i) *Pour le secteur informel, il s'agira essentiellement de :*

- la mise en place du cadre institutionnel sensibilisation et incitation des nationaux à investir dans le secteur ;
- la promotion des activités artisanales et des PME ;
- l'adaptation de la formation aux métiers de ce secteur ;
- l'aide et l'assistance par le biais des chambres de métiers et des coopératives ;
- l'initiative d'études et recherches en vue d'une meilleure connaissance de ce secteur ;
- l'accroissement des investissements dans les PME.

ii) *Pour le secteur agricole traditionnel en milieu rural principalement de :*

- l'aménagement et le développement des infrastructures socio-économiques pour sédentariser les jeunes ruraux ;
- la mise en place d'un code foncier approprié pour l'accès à la propriété et de marchés régionaux pour l'écoulement de la production ;
- la reconversion des mentalités afin d'attirer les jeunes déscolarisés ;
- une politique de prix rémunérateur des produits agricoles afin d'améliorer les conditions de vie du paysan ;
- l'amélioration des circuits de commercialisation des produits agricoles et de la productivité ;
- l'incitation à l'initiative privée et la création de PME agricoles ;
- l'organisation des populations rurales en coopératives de production et de commercialisation ;

- la participation des paysans à la prise de décision les concernant ;
- l'usage d'outils agricoles modernes et d'intrants à forte productivité ;
- la mise en place de projets de reboisement utilisant une main-d'œuvre abondante ;
- l'utilisation plus rationnelle du temps de travail ;
- le développement de la formation agricole.

8.2.2. Politiques de la demande

Pour John M Keynes[54] le volume de l'emploi n'est pas déterminé par un hypothétique marché du travail. Ce volume dépend uniquement de la décision d'embauche des entrepreneurs, personnages clés du système keynésien.

Ceux-ci fixent leur niveau d'embauche selon le « principe de la demande effective » : ils offrent un niveau de production égal à la quantité de biens qu'ils espèrent écouler d'une part, en veillant à maximiser leur profit d'autre part. C'est donc la demande globale anticipée qui détermine les volumes de la production et de l'emploi. Cette demande comprend essentiellement la demande effective, c'est-à-dire les dépenses de consommation des ménages et les dépenses d'investissement des entrepreneurs.

La formation est l'élément clef des politiques de demande. En effet, la main-d'œuvre doit renforcer ses capacités par l'éducation de base, la formation et l'apprentissage aux métiers, pour être plus performants. Les compétences s'acquièrent par l'expérience du terrain et par des formations qui peuvent être qualifiantes ou diplômantes. Il faut assurer l'adéquation entre la formation et l'emploi. Certains pays ont initié la formation par alternance permettant aux apprenants de se forger à l'emploi dans des programmes de mi-temps en entreprises.

---

[54]John Maynard Keynes *Théorie générale de l'emploi, de l'intérêt et de la monnaie, Ed Payot*

Il a été démontré[55] que les diplômés de l'enseignement technique et de la formation professionnelle ont plus d'atouts à s'insérer que ceux de l'enseignement général.

La professionnalisation de l'enseignement par le biais de l'insertion dans le système éducatif à tous les niveaux, des filières de formation professionnelle débouchant directement sur l'emploi et en particulier sur l'emploi Informel et rural mise en place des structures pouvant récupérer les déscolarisés du système , ainsi que ce qui suit :

- regroupement des écoles ou instituts de formation pour éviter les double- emploi ;
- introduction des centres de formation aux métiers agricoles ;
- ré introduction des jardins scolaires ;
- révision de la formation de l'université et créer éventuellement des Spécialités dans les différentes facultés ;
- révision des programmes d'enseignement pour développer l'initiative privée et l'esprit de création et d'innovation
- utilisation plus rationnelle des compétences nationales qu'il faudra recenser à tous les niveaux.

Il y a la question des groupes vulnérables face à l'emploi. Il s'agit d'une politique de demande et d'offre. Agir sur les femmes, les jeunes, les handicapés ou leur réserver des quotas ou appliquer des discriminations positives.

Les mesures qui comportent des actions sur le moyen et long terme s'orientent essentiellement vers des transformations structurelles profondes qui conditionnent à l'heure actuelle la réussite de toute politique de l'emploi en Côte d'Ivoire. Il s'agit du contrôle des flux migratoires (extérieur et intérieur).

---

[55] Paul Koffi Koffi, Thèse de Doctorat sur *« l'employabilité des diplômés du secteur éducation formation en Côte d'Ivoire »*, avril 2019

Une des caractéristiques fondamentales du marché de l'emploi en Côte d'Ivoire est la forte proportion de main-d'œuvre étrangère. Il y a donc lieu de penser à une politique de maîtrise des flux extérieurs sans remettre en cause l'ouverture sur l'extérieur, et les accords internationaux ou sous régionaux de circulation des personnes.

Les migrations intérieures sont relatives à l'exode rural et au mouvement des populations des savanes du centre et du nord vers la forêt. Il y a lieu à ce niveau d'envisager des actions de maintien des immigrants, dans leur région par le développement des infrastructures, activités rémunératrices et des circuits de commercialisation.

8.2.3. Rappel des objectifs de la politique de l'emploi en Côte d'Ivoire

L'objectif principal, du plan de développement 1981-1985 au niveau de l'emploi se défini comme suit :

Eviter dans la mesure du possible la progression de l'excédent de main-d'œuvre urbaine et améliorer les conditions de travail.

Les objectifs spécifiques sont :

2. renforcer l'accès des Ivoiriens aux emplois de manière à leur permettre, de tirer profit du développement économique, non seulement au niveau des cadres, mais aussi à tous les échelons inférieurs de qualification.
3. assurer l'adéquation formation-emploi pour faire en sorte que les diplômés issus du système éducation formation correspondent aux emplois du secteur productif.

Ainsi, des programmes emplois seront développés pour promouvoir l'emploi de la main-d'œuvre notamment pour accélérer l'insertion des jeunes se sont :

- le développement des activités artisanales non agricoles en milieu urbain dont on peut espérer la mise au travail de 3.000 personnes par an ;

- des opérations d'installation des jeunes en milieu rural pour des activités agricoles ou d'élevage qui pourraient toucher chaque année en moyenne 5.000 actifs ;
- enfin une accélération de l'ivoirisation dont on peut attendre une augmentation des recrutements dans le secteur moderne d'environ 2.000 nationaux par an.

8.3. Programmes et actions menées au cours de la période 80/85 pour le secteur moderne privé.

8.3.1. Au niveau de l'emploi : Programme d'Ivoirisation de l'emploi dans le secteur moderne

Objet : Permettre aux nationaux de maîtriser leur économie conformément à l'objectif national de l'ivoirisation de l'économie.

Spécificité : Il faut pour y arriver mettre en place une opération coordonnée par l'ex-Service autonome de l'ivoirisation de l'Emploi sous forme d'une enquête par correspondance auprès des entreprises Elle vise :

- l'établissement par les entreprises de leur programme d'ivoirisation sur la période 1980 - 1985.
- l'identification des postes de travail à ivoiriser dans l'espace et le temps dans la description et l'analyse des postes de travail
- la description des filières d'accès.
- l'analyse de la structure des entreprises
- l'élaboration d'une nomenclature adaptée des professions.

Il était demandé aux entreprises du secteur moderne (3000 entreprises selon la Banque des données financières) de prévoir une ivoirisation progressive des emplois par une programmation sur 5 ans. L'opération rappelons-le a démarré en 1979. Elle a permis de faire la promotion d'ivoiriens pour 30% des postes à ivoiriser dans les entreprises.

Souvent c'est l'absence d'expérience, la nécessité de formations complémentaires ou le faible niveau de capitaux ivoiriens qui ne facilitent pas ces promotions à majorité interne.

8.3.2. Projet BIT (IVC/80/02A) : Réorganisation des services de l'emploi et du marché du travail.

Le projet a visé la direction de l'emploi et l'OMOCI. Sa réalisation a nécessité la venue sur le terrain de deux experts du BIT.

Objectif: Mettre en place avant tout, un outil d'information sur l'emploi et les entreprises. En d'autre termes favoriser la création d'un fichier entreprise, au niveau de la direction de l'emploi, d'un suivi de l'information et la mise en place d'une cellule étude, d'un système d'impression et l'aménagement de la documentation. Une étude de comparaison de source de données a été faite.

Au niveau de l'OMOCI, il a été entrepris la création d'une antenne pilote de placement, d'un service de prospection des offres, d'une cellule psychotechnique, et la mise en place de l'informatisation du marché du travail.

8.3.3. Opérations Emploi-Formation

Objectif : Face à la montée du chômage, notamment du chômage intellectuel, qui en 1980 - 1981 avoisinait 800 à 900 demandeurs d'emploi cadres, diplômés d'université, des mesures et solutions pour l'atténuer ont été mises sur pied dès 1981.

Il s'agit de pallier aux insuffisances ou l'inadaptation de la formation des jeunes diplômés de l'enseignement supérieur par rapport aux besoins du marché.

Spécificité : ces mesures comportent des opérations emploi/formation de deux ordres :

- stage pratique ou emploi-formation simple ;
- reconversion ou complément de formation.

La mise en œuvre se fait à partir des offres d'emploi non satisfaites.

i) Opération emploi-formation simple :

Elle consiste en une participation financière de l'Etat sur une période de six mois, au coût de formation sur le tas des diplômes de l'enseignement supérieur. On les met en stage pratique et si c'est concluant on peut les embaucher.

ii) Reconversion ou complément de formation :

On peut procéder à des reconversions si le profil ne correspond pas entièrement par de la formation. Il est aussi possible de complément de formation pour des diplômés de l'enseignement supérieur n'ayant pas exactement le profil des employeurs.

Près de 200 jeunes diplômés ont bénéficié de ces opérations sur 800 diplômés.

Il aurait été intéressant à l'avenir d'envisager d'autres formules pour alléger ces coûts. Les intermédiaires de formation ou de tests comme les instituts psychotechniques privés de prospection ont des services qui ont alourdi les coûts. C'est pourquoi il faut développer ces compétences au sein des services publics de prospection et de tests comme ceux de l'OMOCI.

8.3.4. Au niveau du travail

Mise en place de l'impôt solidarité pour les chômeurs :

Au niveau des compressions un impôt dit *« solidarité »* de 1% sur la masse salariale a été institué pour soutenir les chômeurs diplômés qui viennent de perdre leurs emplois. C'est géré par l'OMOCI.

Cadre législatif
Application des recommandations suite aux inspections d'entreprises et cela conformément aux dispositions des textes et lois en vigueur.

Un suivi plus efficace de la part des inspections s'impose, lesquels devraient disposer d'un pouvoir de sanction plus efficace.

Activités des inspections

En 1984, 487 entreprises ont été inspectées qui ont données lieu à plusieurs rapports annuels d'activité assortie de rapport d'activité.

Médecine du travail

Outre le fichier tenu, les inspections et les enquêtes pour accident de travail ou pour litige, qui permettent de recueillir bon nombre d'informations, une collaboration avec la sous-direction des statistiques de l'emploi est nécessaire, pour un travail de centralisation au niveau des ordinateurs. Cela pour toutes les informations dont aura besoin l'inspection médicale du travail.

Objet : Equipement en matériel technique et formation du personnel du Service autonome de la médecine du travail.

Autres Programmes ou projets de promotion de l'emploi envisageables

Participation des nationaux au développement de l'emploi et promotion des PME

Cette participation des nationaux au processus de création d'emplois doit être favorisée par les mesures et actions suivantes :

- sensibilisation, incitation et orientation des nationaux détenteurs de capitaux, pour l'investissement dans les secteurs productifs et utilisateurs de main-d'œuvre;

- politique souple de crédit afin de faciliter l'installation des jeunes nationaux dans les secteurs productifs par le biais des PME ;

- développement de l'esprit de création et d'innovation par le biais du système éducatif et de formation ;

- renforcement de la politique d'ivoirisation par la réforme de la charte et recherche d'une méthode appropriée ;

- programmation de l'ivoirisation du personnel de la Fonction Publique et en particulier la planification de l'assistance technique par une meilleure utilisation des compétences nationales ;

- élaboration du statut des enseignants du supérieur des grandes écoles pour ivoiriser leur personnel enseignant.

*Le choix de technologie_*

La réduction de la dépendance technologique et de l'importation massive des experts et/ ou assistants techniques doit, être l'objectif final dans le cadre de ce choix. Il conviendrait donc de mener des actions dans ce sens :

- inciter par le système éducatif et de formation, l'esprit de créativité et d'innovation au niveau des ivoiriens ;

- valoriser les techniques locales par le biais des clubs scientifiques et techniques ;

- adapter les techniques, lorsqu'elles sont importées, aux réalités nationales réduire l'importation massive des experts et/ou assistants techniques par le biais d'une utilisation plus rationnelle des compétences nationales ;

- renforcer le rôle de l'Université dans la recherche scientifique et technique.

Amélioration des conditions de travail et de la réglementation y afférente

La dégradation permanente du marché de l'emploi, suite à l'accroissement inquiétant des compressions de personnel et à la hausse vertigineuse du volume des chômeurs urbains, suggère, pour assurer le maintien de l'emploi, une amélioration des conditions de travail et de la règlementation y afférente. Une telle opération pourra viser deux grands points :

- les modalités d'intégration des jeunes dans l'emploi ;
- les conditions de travail et la règlementation y afférente.

a) Les modalités d'intégration des jeunes dans l'emploi.

En vue de faciliter l'intégration des jeunes dans l'emploi, il s'avère nécessaire de :

- introduire un stage de 6 mois dans les programmes de formations techniques et professionnelles. Les élèves de l'enseignement général devraient à leur tour bénéficier d'un stage de 6 mois dans l'entreprise, dans le cadre des opérations Emploi-Formation. Ces stages en entreprises devront être pris en compte dans l'appréciation de l'expérience professionnelle ;

- associer les employeurs à la formation des jeunes dans le cadre de ces stages en entreprises qu'ils doivent favoriser impliquer davantage désormais l'OMOCI dans l'organisation des tests d'aptitude ou psychotechnique ;

- orienter la formation des jeunes vers les secteurs informel et rural ;

et intensifier les actions d'aide à l'installation des jeunes ;

- développer l'esprit d'initiative privé et l'esprit de créativité et d'innovation, dans le cadre de la formation des jeunes.

b) Les conditions de travail et règlementation en vigueur

L'amélioration des conditions de travail pourra se réaliser dans le cadre d'un aménagement de la règlementation en vigueur qui touchera essentiellement les éléments suivants :

- la classification professionnelle doit être étendue aux branches d'activité appliquant la durée légale de travail (40 h par semaine) et non régies par la convention collective interprofessionnelle et au secteur agricole, telles que prévues par ladite convention ;
- la promotion interne doit être obligatoire pour tout travailleur ayant bénéficié de la formation professionnelle continue, et doit permettre l'ivoirisation des postes éventuels ;
- les dispositions de la convention collective Interprofessionnelle relative aux permissions et absences doivent être étendues aux travailleurs non régis par ladite convention ;
- l'emploi des femmes doit être favorisé et encouragé à l'exception des activités présentant des nuisances spécifiques ;
- l'intégration et les conditions de travail des handicapés doivent conserver un caractère particulier, en cas de difficulté économique et financière de l'entreprise ; ou fusion, cession, vente, transformation et mise en société ; la nécessité de prévenir au maximum les risques professionnels exige la dotation de l'administration du travail les moyens adéquats pour veiller à l'application des textes en vigueur en la matière;
- la mise en place d'une législation appropriée pour réduire les compressions et maintenir l'emploi.

Il s'agit d'un ensemble de projets qui s'inscrivent dans le cadre des grandes orientations de la nouvelle stratégie et la politique de l'emploi. Ils s'articulent autour de 3 grands thèmes.

Projet pilote d'installation de 250 jeunes dans les secteurs Informel, rural, et PME

Le projet pilote se propose d'assurer l'installation de 250 jeunes dans les activités informelles, rurales et les PME. A terme, il contribuera à la promotion de ces secteurs dans le cadre de la politique d'aide à la paysannerie et d'autosuffisance alimentaire et de promotion des PME.

Population cible :

Le projet touchera 250 jeunes demandeurs d'emploi de niveau au moins égal à la classe de seconde, âgés de 20 à 28 ans, en possession de parcelles de terrain à mettre en valeur ou de local pour les activités non agricoles.

Mise en œuvre :

Cette opération comprend 4 phases :

- Étude de faisabilité et enquête d'opinion permettant de détecter les candidats sérieux, la disponibilité des différents partenaires concernés et surtout la possibilité de crédit bancaire ;
- Étude des projets et sélection qui aura pour objectif de sélectionner les différents dossiers des promoteurs avec l'appui technique d'organismes nationaux d'étude de projet tel que le CAPEN et des ministères intéressés.
- Préparation à l'installation qui consistera en la recherche des moyens et à la formation des personnes intéressées.
- Exploitation et suivi qui est la phase concrète sur le terrain et qui durera au moins 16 mois, la durée de l'ensemble du projet étant de 24 mois.

Coût et Financement

Le coût de l'ensemble du projet est estimé à environ 566,3 millions FCFA ; le financement est à rechercher auprès de l'Etat d'une part, et de sources extérieures, d'autre part.

Résultats tangibles

A terme, le projet permettra de créer directement 250 emplois dans les secteurs informels, rural et des PME, avec des emplois induits et de disposer d'une expérience généralisable d'installation des jeunes dans lesdits secteurs.

Projet : Utilisation des compétences nationales dans l'administration publique

Objectifs :

Le projet vise à planifier le départ des assistants techniques et/ou des coopérants en vue de l'ivoirisation de l'emploi, en particulier celui de l'administration, conformément aux orientations du gouvernement. Pour ce faire, il se propose de recenser les compétences nationales pour une meilleure utilisation et pour assurer la relève des coopérants avec pour corollaire le transfert des compétences et la maîtrise de la technologie (matière grise).

A terme, ce projet aboutira à la mise en place d'une méthode de planification de la main-d'œuvre dans l'administration.

Population cible

L'opération touchera les demandeurs d'emploi diplômés de l'enseignement supérieur (niveau maîtrise ou équivalent) de toute spécialité et les compétences nationales actuellement en poste dans l'administration publique d'une part, les agents de la coopération et de l'assistance technique d'autre part. Environ 600 stagiaires pourront être également concernés par l'opération.

Mise en œuvre :

Le projet comprend 4 phases :

1 - Recensement des besoins et compétences nationales (2 mois) ;

2 - Exploitation de catalogues des besoins et compétences nationales (2 mois) ;

3 - Mise en relation entre besoins et compétences nationales, intégrant des périodes de stage ou formation complémentaire (5 ans) ;

4 - Le suivi permanent, contrôle et évaluation du projet pendant 5 ans.

Coût et Financement

Le coût du projet est estimé à environ 1,2 milliards F CFA sur la période quinquennale 1986-1990, soit en moyenne 200 millions F CFA par an.

Le financement doit être recherché aussi bien sur les ressources intérieures que sur les ressources extérieures.

Résultats tangibles

Le projet permettra d'accueillir 600 stagiaires dans l'administration publique sans incidence directe sur le niveau d'effectifs ni sur les charges de personnel dans la mesure où ils ne feront pas l'objet d'ouverture de postes budgétaires (pendant la durée du projet qui est de 5 ans).

Par ailleurs, il permettra d'ivoiriser les postes de coopérants dans l'administration et absorber le "*chômage intellectuel*".

Projet de travaux à haute intensité de main-d'œuvre (reboisement)

Objectifs

Dans le cadre de la lutte contre la désertification, et du maintien des jeunes à la terre, ce projet aura pour objectif de contribuer à la reconstitution et au maintien du patrimoine forestier tout en permettant la création d'un bon nombre d'emplois ruraux. Il rentre dans le cadre des programmes spéciaux des travaux publics à haute intensité de main-d'œuvre.

Population cible

La population cible sera constituée de jeunes demandeurs d'emploi dont le recrutement se fera sur des critères et de modalités à déterminer. Le projet pourra comporter 4 phases :

1 - Etudes de faisabilité

2 - Identification des sites à reboiser et dégagement des zones prioritaires.

3 - Recrutement et mise en œuvre avec les moyens nécessaires

4 - Suivi

Coût et Financement

Le coût du projet est de l'ordre de 1 milliard FCFA pour le projet pilote. Le financement pourra être recherché auprès des organismes nationaux d'une part, et des organismes internationaux (BIT, PNUD, NUE, FED, FAO), ainsi que de l'aide bilatérale d'autre part.

Projet pilote-emploi dans le secteur informel et la commercialisation de vivriers

Objectifs :

Le projet se fixe comme objectif l'étude de la viabilité d'une opération 'installation de jeunes dans le secteur informel et en particulier dans les PME. A terme, ce projet contribuera à la promotion de ce secteur.

Population cible :

Le projet vise les jeunes diplômés de la formation professionnelle

Contenu :Il comporte deux volets :

1. Un atelier de mécanique-auto qui emploiera une équipe de mécanicien, tôlier et peintre, soit un effectif de 5 personnes ;
2. Une unité de commercialisation de produits vivriers dont un magasin de stockage, à Abidjan et un autre à Yamoussoukro. Il emploiera 6 personnes dont 4 vendeurs (2 par magasin), 1 chauffeur et un inspecteur commercial.

Résultat tangible :

Le projet doit aboutir à l'installation de jeunes dans les PME, en leur donnant les moyens matériels nécessaires, et contribuera à la promotion de ce secteur.

Coût et Financement

Le coût estimatif du projet s'élève environ à 22 millions FCFA dont 7 millions FCFA pour l'atelier de mécanique et 15 millions FCFA pour l'unité de commercialisation de produits vivriers. Le financement doit être recherché auprès du fonds national de régulation (FNR).

Projet d'études et recherches : enquête emploi sur les entreprises et établissements

Objectifs

L'enquête sur les entreprises et établissements, sous la double tutelle de la direction de l'emploi du ministère du travail et de l'ivoirisation des cadres, et de la direction de la statistique du ministère de l'économie et des finances, vise à la mise en place d'un fichier répertoire central des entreprises et établissements qui servira de base à toute enquête future sur l'emploi.

Contenu du projet

Le projet comporte deux volets :

1 - l'enquête entreprise qui durera un an à passages répétés et qui mettra en place le fichier central de répertoire des entreprises ;

2 - la mise en place d'enquête conjoncturelle sur l'emploi à partir du fichier répertoire constitué.

Résultats tangibles

Le projet doit aboutir à la mise en place d'un fichier central des entreprises et établissements permettant de disposer à tout instant des informations exhaustives sur l'emploi et sur les entreprises.

Coût et Financement

Le budget prévisionnel s'élève à 144 millions de F CFA, dont 75 millions de frais de personnel (enquêteurs, statisticiens, analystes, etc.) seront à la charge de l'Etat et 69 millions de frais de fourniture et d'équipement à la charge du FED. A cela, il faut ajouter 34 400 $ pour des bourses de formation sur les statistiques et la planification de la main-d'œuvre.

Développement des structures de l'administration de l'emploi et de la concertation au niveau national

Objectifs :

Projet visant d'une part à poursuivre l'effort de restructuration des services de l'emploi (direction de l'emploi et OMOCI) et d'autre part, affecter les moyens conséquents (matériels et humains) encore plus justifiés par la volonté de rechercher les voies et moyens de résorber l'excédent de main-d'œuvre.

Contenu du projet

Volet 1 : La poursuite de l'effort de restructuration doit porter non seulement sur le suivi du projet BIT, mais aussi sur la mise en place de certaines structures nécessaires pour l'efficacité de la nouvelle stratégie de l'emploi.

Volet 2 : Les moyens humains et matériels sont devenus plus que nécessaires pour faire face à la crise de l'emploi. Aussi, les services de l'emploi doivent-ils en être dotés suffisamment pour devenir plus opérationnels.

Coût et Financement :

Le financement des services de l'emploi et des actions de promotion des Ressources Humaines se trouve dans une réallocation des différents fonds sociaux (CNPS, FNR, FNS) de 200 millions FCFA.

Séminaire National sur l'Emploi

Objectifs : Le séminaire vise à rechercher les solutions adéquates pour l'emploi et le chômage. Ces réflexions devront déboucher sur des recommandations réalisables venant compléter, d'un coût de 30 millions FCFA.

Séminaire sur la croissance démographique, l'urbanisation et l'emploi en Côte d'Ivoire

Objectifs : Réfléchir sur l'impact de la croissance démographique et de l'urbanisation sur l'emploi, en vue d'une meilleure planification du marché de l'emploi.

Création d'une Commission nationale des ressources humaines.

Objectifs :

Développer la concertation nationale en vue d'une meilleure planification et utilisation des ressources humaines. Ceci passe par la recherche d'un système d'informations intégré et harmonisé sur la formation et l'emploi dont la programmation et la planification conditionnent l'efficacité de toute politique sectorielle.

Composition :
L'ensemble des départements ministériels, organismes étatiques ou privés et partenaires sociaux, touché de près ou de loin par les problèmes liés aux ressources humaines. A défaut d'une commission nationale des ressources humaines, qui ne voyait pas le jour, il est suggéré la mise en place d'une commission ou un conseil national pour l'emploi (CNE).

Autres projets d'intérêt national réalisables sur la période 1986-1990

Projets relatifs à l'installation des jeunes et création d'emploi

Projets relatifs aux études et recherches :

- Enquête, études et recherche sur les activités informelles ;
- Etudes sur la fixation des prix et le sous-emploi dans le monde rural ;
- Etude sur l'impact de l'informatique sur l'emploi.

Projets relatifs aux structures de l'administration de l'emploi :

- Révision des textes et amélioration de la règlementation en vigueur en la matière d'emploi ;
- Révision de la charte et des procédures d'Ivoirisation ;
- Mise en place d'un système d'assistance et de suivi des activités informelles ;
- Etudes et mise en place d'un système d'assistance et de suivi des activités rurales[56] ;
- Informatisation du ministère du travail[57].

8.4. Perspectives d'emploi

L'état incertain de l'évolution de la situation économique rend difficile toute tentative d'estimation du futur. A cet effet, il faudra

[56]Ces deux projets extrêmes importants font l'objet de programme spécifique
[57]voir schéma directeur du Ministère du Travail

prendre avec beaucoup de précautions les perspectives d'emploi qui vont suivre.

A cet égard, l'on essaiera de mettre en évidence les éléments suivants :

- perspectives démographiques ;
- évolution de la situation économique ;
- perspectives d'emploi : volume de l'emploi et bilan en milieu urbain.

8.4.1. Les perspectives démographiques

Elles s'avèrent nécessaires, voire indispensables pour les tendances de l'emploi dans la mesure où la population d'âge actif et la population disponible (active) représentent le potentiel susceptible d'être utilisé dans l'activité économique comme main-d'œuvre.

Le problème dans l'état actuel des données est que l'on ne dispose pas d'information pouvant permettre d'actualiser la part de la population étrangère dans l'ensemble de la population et qu'il faille attendre le RGPH.

L'on va donc retenir les hypothèses suivantes sur la période 1985 - 1995.

Hypothèse I :

- Taux de croissance moyen annuel 3,9 %
- Taux d'urbanisation 55 % en 1990.

On suppose que la croissance démographique sur la période va se situer à 3,9 % de moyenne annuelle sous l'effet du ralentissement de mouvement migratoire extérieur, consécutif à la crise économique, et au problème de scolarisation qui entraîne un freinage des naissances.

L'urbanisation qui se situe actuellement à 45 % environ devrait se maintenir à 55 % sur la décennie 85 -95.

La proportion de la population étrangère devrait réellement se maintenir à 20 %.

L'on aurait sur la période une croissance urbaine d'environ 9,3 %.

Hypothèse II :

- taux de croissance moyen annuel: 4,3 % ;
- taux d'urbanisation 55 % en 1990 et
- taux de croissance urbaine 8 % environ ;
- part de la population étrangère 25%.

Il s'agit en fait d'une hypothèse moyenne correspondante à une évolution démographique identique au quinquennat 1980-1985.

Hypothèse III :

- taux de croissance démographique moyen annuel de 4,8 % ;
- taux d'urbanisation de 60 % en 1990 et un taux de croissance urbaine de 12,5 %.

Il s'agit d'une hypothèse forte qui indique que l'amélioration très sensible des conditions économiques et sociales du pays sur la période 85-95 devrait avoir des effets sur la croissance démographique, notamment maintien de la proportion de la population étrangère.

L'urbanisation connaît alors un rythme de croissance élevé et l'on aura un pays dont 60% de la population est urbaine.

8.4.2. Tendances économiques

L'incertitude qui plane sur la situation économique actuelle rend difficile toute tentative de prévision sur l'activité.

De toutes les façons, il est certain que les produits agricoles d'exportation continueront à avoir un effet important sur la croissance.

Or, la situation actuelle du marché au niveau des cours mondiaux de ces produits de base ne débouche pas nécessairement sur une tendance à la hausse de façon très significative dans les cinq (05) prochaines années.

La reprise amorcée dans les pays industrialisés peut avoir des répercussions positives sur l'économie ivoirienne, mais la fragilité de cette reprise, la lenteur du redémarrage de l'économie Française, principal partenaire économique de la Côte d'Ivoire ne sont pas des éléments à assurer une reprise forte sur le quinquennat 1986-1990.

Des prévisions récentes établies dans le cadre du rééchelonnement de la dette extérieure, indiquent que les années 1985, 1986 seraient celles de la reprise. A cet égard l'on prévoit une croissance réelle de 4 % du PIB en 1986.

En définitive l'on retient comme dans le cadre des perspectives démographiques sur la base de 3 hypothèses :

Hypothèse I :

La crise économique persiste :

- le rythme de croissance réel du PIB est de -0,5 % de moyenne annuelle sur la période 85-90 ;
- la consommation des ménages reste relativement faible, les investissements restent à un niveau bas ;
- les exportations ne s'améliorent pas et les ressources de l'Etat demeurent très limitées.

Hypothèse II :

L'économie se stabilise à un rythme de croissance positive d'environ 2,5 % de moyenne annuelle sur la période 85-95.

La politique d'austérité se traduit par une certaine amélioration des finances publiques et des paiements extérieurs mais les investissements remontent de façon timide la pente.

En définitive, la situation économique ne se dégrade plus mais reste encore très fragile aux chocs extérieurs.

Hypothèse III :

On suppose que la reprise est effective dès 1986, compte tenu de la reprise mondiale, de l'amélioration des cours des produits d'exportation, des effets du rééchelonnement etc. Le taux de croissance annuel moyen du PIB en termes réels se situe à 4 %.

Les finances publiques et les paiements extérieurs s'améliorent très sensiblement.

L'Etat entreprend des investissements importants notamment du niveau du BTP.

8.4.3. Les perspectives de l'emploi

Il est important de noter au préalable que les perspectives qui vont suivre sont basées sur des hypothèses qui peuvent être remises en cause par des données essentielles se rapportant aux conditions démographiques, économiques, voire de scolarisation.

En effet, l'estimation de l'offre de main-d'œuvre dépend très étroitement des variables démographiques et scolaires :

- le volume et la croissance des populations d'âge actif, des populations actives, du niveau de scolarisation, le taux de sortie du système éducatif ;
- le taux de sortie de l'activité dû à la retraite en milieu urbain, la mortalité, et aux licenciements ;
- le phénomène migratoire, l'évolution de la population urbaine.

S'agissant de l'économie, il faut noter que la corrélation est très forte entre la population occupée (volume d'emploi) et le niveau de l'activité mesuré par la production.

Ces perspectives vont demeurer de façon globale c'est à dire qu'aucune prévision chiffrée ne sera faite au niveau de chaque secteur d'activité.

L'on mettra en évidence le volume d'emploi : secteur moderne, informel ou non structuré et l'agricole traditionnel.

Puis, l'on essaiera de réaliser le bilan de l'emploi urbain pour dégager l'emploi disponible, et l'excédent de main-d'œuvre.

Scenario I :

- Données démographiques (voir hypothèse 1)
- Données économiques (voir hypothèse 1)
- L'emploi : perspectives :

L'emploi moderne continu de se dégrader au rythme de -3,5 % de moyenne annuelle sur la période de 1985-1990 et -1,5 % de 1990 à 1995.

La crise du bâtiment et travaux publics persiste puisque l'Etat n'a pas amélioré ses opérations d'investissement et porte un coup au secteur secondaire.

Les effectifs de la Fonction publique restent stationnaires. Le personnel domestique diminue en raison du départ des coopérants entre autre.

La baisse de la consommation des ménages se répercute sur les biens industriels où l'activité stagne.

Le volume de l'emploi moderne passe de 405.000 en 1985 à 339.000 en 1990 et à 314.000 en 1995.

Le secteur non structuré devient le secteur le plus absorbant en matière d'emploi non agricole pour de nombreux jeunes déscolarisés dont le nombre grossit, et les compressés du secteur moderne. Les ivoiriens acceptent de mieux en mieux d'exercer les activités rejetées auparavant.

Le rythme de croissance de l'emploi non structuré est de 6 % en 1985 -1990 et 6,5 % en 1990 - 1995.

Le volume de l'emploi non structuré passe de 649.000 en 1985, à 869.cxx) en 1990 et 1.163.000 en 1995.

Il faut rappeler de façon générale que le contour de ce secteur qui regroupe les activités non agricoles et celles du secteur moderne est difficile à mettre en évidence.

D'autre part, le volume d'emploi non structuré est sous-estimé, compte tenu de l'existence déjà d'activités non localisées.

L'emploi agricole traditionnel

Il voit son rythme maintenu à +3,4 % proche de la croissance démographique, l'an sur la période 1985-1995. La crise de l'emploi moderne incite de nombreux jeunes déscolarisés du niveau des études primaires et secondaires à s'exiler dans les villes (exode rural).

Plusieurs programmes d'emplois ont été mis en œuvre pour résorber le chômage et gérer les problèmes vécus par le monde du travail. Par rapport aux objectifs et actions mis en évidence dans le plan 1981 /1985, l'on peut signaler :

- la progression de l'excédent de main-d'œuvre n'a pu être évitée et s'est aggravée compte tenu de la crise économique qui a entraîné une baisse des activités ;
- le renforcement des structures de l'OMOCI a été bénéfique pour faciliter l'accès des Ivoiriens aux emplois, mais de façon très segmentaire puisque faute de ressources suffisantes les structures et les moyens d'intervention de cet Office sont limités ;
- très peu a été fait en direction des activités artisanales et traditionnelles non agricoles (secteur informel en fait), parce que le degré de connaissance de ce secteur est primaire ; la coordination avec le Ministère de l'Industrie n'est pas faite ;

- les opérations d'installation des jeunes en milieu rural relevant de façon générale du ministère du développement rural, les moyens d'intervention du ministère du travail et de l'ivoirisation des cadres sont limitées ;
- l'ivoirisation stagne, et l'absence de cadre juridique quelque peu contraignant empêche sa dynamisation.

De façon générale, il faut noter que les moyens actuels du ministère du travail et de l'ivoirisation des cadres sont une contrainte qui limite son champ d'action. Par ailleurs, la difficulté au niveau national de coordination entraîne un éparpillement des efforts.

1er cycle à retourner à la terre mais l'impact n'a pas encore atteint un niveau permettant d'infléchir le rythme annuel susmentionné. D'autre part, il faut noter que la modernisation des activités agricoles traditionnelles n'est pas véritablement amorcée.

L'on passe en volume d'emploi de 3121 millions en 1985 à 3689 millions en 1990 à 4350 en 1995.

Tableau SI.a : Scénario I : perspectives d'emploi en Côte d'Ivoire 1980-1995 (en milliers)

Secteur	1980	TCM %	1985	TCM%	1990	TCM%	1995
Secteur moderne	470	-3,0	405	-3,5	339	-1,5	314
Secteur non structurée	485	+6	649	+6	869	+6	1163
Secteur agricole tradition	2640	+3,4	3121	+3,4	3689	+3,4	4360
TOTAL	**3595**	**+3,2**	**4175**	**+3,5**	**4897**	**+3,8**	**5837**

Source : Direction de l'emploi

TCM : taux de croissance annuel moyen

Tableau SI. b : bilan emploi urbain en Côte d'Ivoire 1980-1995 (en milliers)

Secteur	1980	TCM	1985	TCM	1990	TCM	1995
1.population urbaine âge actif (15-59)	1900	+8	2800	+9,3	4400	+9,3	6800
2. population urbaine disponible	1100	+8	1620	+9,3	2500	+9,3	3900
3. Emploi urbain disponible	917	+3,2	1062	+2,7	1205	+5,9	1561
4. Agr urbaine	165	+9,5	243	+0,6	250	+11,2	390
5. Emploi moderne non ag	379	-3,2	319	-3,7	260	-1,5	241
6. Emploi informel	373	+6,8	500	+7,8	695	+6,8	930
7.Excédent de main-d'œuvre	183	+41,0	+558	+26,4	1295	16,1	2339

Source : Direction de l'emploi

Dans le cadre des hypothèses retenues, l'on observe selon le tableau SI.a que l'emploi moderne diminue très sensiblement aux dépens du secteur non structuré : ainsi sur 100 emplois (hors secteur agricole traditionnel) en 1980, 49 sont du secteur moderne et 51 des activités informelles, ces proportions sont de 38 contre 62 en 1985, 28 contre 72 en 1990 et 21 contre 79 en 1995.

On observe de plus, que l'excédent de main-d'œuvre urbaine restera suffisamment élevé et que, c'est plus d'un million d'emplois nouveaux qu'il faudra créer pour le résorber.

Dans ces conditions, le système d'information statistique sur les ressources humaines et la politique de l'emploi devront dans la prochaine décennie intégrer de façon plus marquée ces activités informelles.

<u>Scénario II</u>

- Données démographiques (hypothèse 2)
- Données économiques (hypothèse 2)
- L'emploi : perspectives :

L'emploi dans le secteur moderne connaît un rythme d'accroissement de l'ordre de +1 % sur la décennie 1985-1990.

Les effectifs de la Fonction publique restent stationnaires sur le quinquennat 1985-1990 et subissent une légère hausse sur la période 1990-1995.

Le bâtiment et les travaux publics connaissent une légère reprise grâce à une amorce identique des investissements de l'Etat.

L'industrie et le tertiaire bénéficient de cette reprise timide.

Le volume de l'emploi moderne passe donc de 405.000 en 1985 à 426.000 en 1990 et 447.000 en 1995.

Le secteur non structuré demeure un secteur créateur d'emplois. La crise de la période 1980-1985 a incité davantage l'orientation de la population, notamment les ivoiriens vers ces formes d'activités où le coût de création d'emplois est faible. L'on suppose que le rythme de croissance de l'emploi dans ce secteur est de +6% sur la période 1985-1990 et + 4% entre 1990 et 1995.

Ainsi le volume de l'emploi non structuré passe de 649 000 en 1985 à 869 000 en 1990 et 1057000 en 1995.

S'agissant de l'emploi agricole traditionnel, l'effet de la modernisation des activités agricoles ne se fait sentir si bien que que l'on maintien la croissance de l'emploi à +3,4% en 1985-1990 et +2,4% sur la période 1990-1995. Le volume de l'emploi dans ce secteur passe de 3 121000 en 1985 à 3689000 en 1990 et 4153000 en 1995.

Tableau SII. a : Scénario II : perspectives d'emploi en Côte d'Ivoire 1980-1995 (en milliers)

Secteur	1980	TCM %	1985	TCM%	1990	TCM%	1995
Secteur moderne	470	-3,0	405	+1	426	+1	447
Secteur non structurée	485	+6	649	+6	869	+4	1057
Secteur agricole tradition	2640	+3,4	3121	+3,4	3689	+2,4	4153
TOTAL	3595	+3,2	4175	+3,5	4884	+2,7	5657

Source : Direction de l'emploi **TCM : taux de croissance annuel moyen**

Scénario III :

Données démographiques (voir hypothèses 3)
Données économiques (hypothèse 3)
Perspectives d'emplois :

Au niveau de l'emploi moderne, le volume global passe de 405000 en 1985 à 481000 en 1990 et 614000 en 1995.

La fonction publique connaît un accroissement de ses effectifs mais dans une faible proportion.

S'agissant de l'emploi informel ou non structuré, il demeure un secteur dynamique qui absorbe une grande partie de la main-d'œuvre surtout celle arrivée en ville qui n'a pu intégrer le secteur moderne. Le rythme de croissance passe de +6% sur la période 1985-1990 à +4% sur la période 1990-1995 avec respectivement un effectif passant de 649000 en 1985 à 869000 en 1990 et à 1057000 en 1995, sans changement par rapport au scénario II.

Au niveau de l'emploi agricole traditionnel, les hypothèses antérieures du scénario II sont légèrement modifiés. Ainsi, on a +2,4% de croissance annuelle moyenne de sur la décennie 1985-1995 donnant un volume d'emplois de 3121000 en 1985, 3514000 en 1990 et 3956000 en 1995.

Tableau SIII. a : Scénario III : perspectives d'emploi en Côte d'Ivoire 1980-1995 (en milliers)

Secteur	1980	TCM %	1985	TCM%	1990	TCM%	1995
Secteur moderne	470	-3,0	405	+3,5	481	+5	614
Secteur non structurée	485	+6	649	+6	869	+4	1057
Secteur agricole tradition	2640	+3,4	3121	+2,4	3514	+2,4	3956
TOTAL	**3595**	**+3,2**	**4175**	**+3,3**	**4864**	**+3,1**	**5627**

Source : Direction de l'emploi TCM : taux de croissance annuel moyen

Tableau SIII. b : Scénario III : bilan emploi urbain en Côte d'Ivoire 1980-1995 (en milliers)

Secteur	1980	TCM	1985	TCM	1990	TCM	1995
1.population urbaine âge actif (15-59)	1900	+8	2800	+12,5	5050	+12,5	9100
2. population urbaine disponible	1100	+8	1620	+12,5	2919	+12,5	5260
3. Emploi urbain disponible	917	+3,2	1062	+5,9	1375	+5,6	1763
4. Agr urbaine	165	+9,5	243	+4,0	292	+8,8	421
1. Emploi moderne non ag	379	-3,2	319	-4,3	388	+5,6	496
2. Emploi informel	373	+6,8	500	+7,8	695	+4,3	846
7.Excédent de main-d'œuvre	**183**	+41,0	**+558**	**+35,3**	**1544**	**+25,3**	**3497**

Source : Direction de l'Emploi

- Dans le cadre d'une reprise sensible des activités économiques, et celle de l'emploi, le secteur non structuré des activités économiques, le secteur non structuré demeurerait en dépit d'une croissance normale, celui qui crée le plus d'emploi.

- Par ailleurs, il faut noter que le scénario qui suppose une croissance urbaine très forte, et qui débouche sur un excédent de main-d'œuvre. Il sera créé plusieurs milliers d'emplois voire plus emploi à écrire

- en dépit d'une reprise économique sensible, une croissance forte de la population urbaine, (donc de l'urbanisation) pèserait lourdement et de façon négative sur l'emploi en ce sens qu'elle anéantit la capacité et les efforts de création d'emploi donc conduit à un excédent de main-d'œuvre suffisamment élevé ;

- le secteur non structuré et le monde rural quel que soit le scénario retenu, demeurent un secteur créateur d'emploi alors que le secteur moderne ne peut dans le meilleur des cas qu'aborder un volume de 500.000 emplois aux horizons 95 soit entre 10 et 15 % de la population active, d'autre part il faut mentionner que l'emploi non structuré est sous-estimé à cause de l'existence d'activités non localisées ;

- l'on peut envisager d'autres types de combinaisons dans les hypothèses comme par exemple une reprise économique avec maintien des conditions démographiques et un taux de 6 % de l'emploi informel sur la décennie actuelle, avec un taux de croissance urbaines de 8 % ce qui donneront le bilan suivant (tableau SIII.C) pour 1990 et 1995.

Tableau SIII. C : bilan emploi urbain en Côte d'Ivoire 1980-1995 (en milliers)

Secteur	1980	TCM	1985	TCM	1990	TCM	1995
1.population urbaine âge actif (15-59)	1900	+8	2800	+8	4100	+8	6000
2. population urbaine disponible	1100	+8	1620	+8	2380	+8	3500
3. Emploi urbain disponible	917	+3,2	1062	+5,9	292	+5,8	1776
4. Agr urbaine	165	+9,5	243	+4,0	250	+8,8	350
1. Emploi moderne non ag	379	-3,2	319	+4,3	388	+5,6	496
2. Emploi informel	373	+6,8	500	+7,8	695	+6,8	930
7.Excédent de main-d'œuvre	183	+41,0	+558	+16	1005	14,4	1724

Source : Directeur de l'Emploi **TCM : taux de croissance moyen annuel**

8.5. Synthèse du bilan-diagnostic de l'emploi

Le bilan-diagnostic de l'étude des mécanismes fonctionnels des grandes structures du Ministère du Travail conduit à dégager les conclusions ci-après :

1. le suivi des politiques de l'emploi, du travail et de la main-d'œuvre dans tous les secteurs d'activité et à tous les niveaux de qualification est impératif ;

2. l'amélioration du rendement des services. Ce qui suppose :

   - l'élaboration ou la redéfinition des concepts ;
   - la réalisation d'études sectorielles (enquêtes, études et recherches) ;
   - une planification fiable des ressources humaines et matérielles ;

- l'adaptation des lois et règlements du travail et de l'emploi au contexte socio-économique et culturel de la Côte d'Ivoire.

3. le renforcement et l'administration du travail par le contrôle et l'inspection des conditions de travail et la prévention des risques professionnels ;

4. l'amélioration de la gestion du patrimoine notamment par l'élaboration de nomenclatures ;

5. le développement d'un système d'information.

IX. SYSTEME DINFORMATION ET DE PLANIFICATION

9.1. Système d'information sur l'emploi

L'information est la variable d'entrée dans la gestion d'un phénomène. En effet, l'information permet de comprendre le phénomène, de l'expliquer et d'apprécier son impact. Elle a été souvent négligée dans l'appréhension des blocages, distorsions ou difficultés diverses perturbant le phénomène. C'est pourquoi il faut lui accorder toute l'importance.

Au niveau de l'emploi, quel que soit la période depuis l'indépendance, en général, et sur la période 1980-1990 en particulier, le système d'information est parcellaire pour plusieurs raisons :

- les sources d'information auprès des ménages ne sont pas très développées en dehors du RGPH et de quelques enquêtes ; et l'ensemble des investigations menées à ce niveau, très souvent, ont traité l'emploi en second plan, les préoccupations strictement démographiques étant prioritaires ;
- les sources auprès des établissements sont d'une exhaustivité limitée ; en dehors de l'enquête main-d'œuvre quinquennale de l'ONFP, elles sont d'origine administrative (Banque des données financières, Chambre d'industrie, fiscalité, etc.) et axées sur les données économiques et financières, de ce fait traitent de façon insuffisante l'emploi ;
- la plupart de ces informations sont produites en dehors de l'administration de l'emploi qui manque de moyens d'investigation statistique suffisante.

L'Office National pour la Formation Professionnelle (ONFP) produit une enquête emploi périodiquement auprès du secteur moderne. L'Office pour la Main d'œuvre de Côte d'Ivoire (OMOCI) recueille les informations sur l'offre et la demande du marché de l'emploi et assure le placement des demandeurs auprès des entreprises, de même que les contrats de travail pour le personnel expatrié ou la main d'œuvre de l'étranger venue travailler dans les plantations. Les inspections du travail cernent les incidents et litiges du milieu du travail comme les accidents et maladies du travail, mais aussi les licenciements du personnel.

La fonction publique, la CGRAE et la CNPS produisent des informations sur le personnel au service de l'Etat, les retraites au niveau des agents de l'Etat et ceux du secteur privé.

Les RGPH et les enquêtes de l'Institut national de la statistique (INS) permettent de disposer des informations sur la population active et sa structure selon les modalités essentielles (âge, sexe, milieu de résidence ou de travail, etc.)

Le patronat, lui-même, les chambres consulaires et syndicales récoltent et produisent des informations sur les entreprises et les travailleurs.

Mais tout compte fait, les informations sur l'emploi demeurent insuffisantes. Aujourd'hui, l'INS et l'agence emploi réalisent une enquête emploi d'envergure nationale.

Au total les informations principales et nécessaires pour une bonne planification de l'emploi pourraient provenir de :
- la démographie ;
- l'éducation et la formation ;
- l'économie (macroéconomie, finances, entreprises, prix, etc.) ;
- la main-d'œuvre et l'emploi.

9.2. Système ivoirien de planification

La planification ivoirienne est une planification indicative et décentralisée dont le premier plan remonte au début des indépendances avec "*les perspectives décennales de développement économique social et culturel 1960-1970*" publié par le ministère du plan.

Au niveau des structures

Les structures de la planification ont évolué dans le temps. Ainsi, jusqu'en 1966 le département de l'économie, des finances et du plan avait comme prérogative les finances publiques et la planification.

Dès 1967, un ministère entièrement chargé du Plan naîtra et pendant dix ans (1967-1977) il va préparer le Plan quadriennal (1967-1970), les plans quinquennaux (1971-1975) et (1976-1980) qui feront l'objet d'une loi dénommée Loi-Plan dont la finalité est d'assurer la programmation pluriannuelle des investissements publics entre autres et les orientations stratégiques du développement. Ainsi, sept commissions de planification seront créées dont l'une chargée de la surveillance de l'exécution du plan.

En 1977, le ministère du plan est fondu en un seul département avec celui de l'économie et des finances et donne ainsi l'intitulé de ministère de l'économie des finances et du plan. L'environnement économique est dominé par la réalisation de grands projets dans le cadre de la décentralisation (projet sucrier, complexes textiles etc.) et par la bonne tenue des cours du café et cacao jusqu'en 1980.

Avec la crise des années 80, le Plan quitte l'économie et des finances en 1981 pour en faire un département autonome avec l'industrie sous la dénomination de ministère du plan et de l'industrie jusqu'en 1983. En 1981, le troisième Plan quinquennal 1981-1985 est mis en place.

Le Programme d'ajustement structurel (PAS) dont l'objectif est essentiellement restrictif et orienté vers le rétablissement des équilibres financiers (finances publiques, balance des paiements, rééchelonnement de la dette, restructuration économique), se substitue pratiquement au plan 1981-1985 ; dorénavant le plan se ramène à une direction au sein du ministère de l'économie et des finances ; c'est d'ailleurs cette direction qui coordonne le PAS.

Depuis Juillet 1986, le ministère du plan est redevenu un département à part entière. C'est certainement le prélude de la renaissance de la planification en Côte d'Ivoire.

Quant au plan quinquennal 1986-1990, il était en préparation depuis 1984 ; mais la mise en place du nouveau ministère a retardé sa promulgation.

Planification indicative décentralisée

Le Plan est chargé d'assurer la coordination de la planification nationale du développement dans une vision indicative et décentralisée.

Les politiques actuellement définies sont le fait des ministères techniques. Avec l'avènement du PAS, la programmation pluriannuelle a disparu.

Les objectifs financiers à court terme ont pris le pas sur la planification économique sociale et culturelle à moyen ou long terme.

A ce titre, la mise en place d'un nouveau département intervenu en Juillet 1986 devrait pouvoir remédier à cette situation.

9.2.1. Les objectifs de la planification

Chaque étape du Plan a connu des objectifs et des priorités différentes rattachées à l'environnement socio- économique national et international.

Il sera ici davantage question des objectifs dans les domaines des ressources humaines notamment : agriculture, éducation, santé, emploi. A ce niveau, un rapprochement avec le bilan démographique s'impose puisqu'il s'agit de satisfaire une demande sociale en éducation, santé, emploi etc.

Le but général de la planification en Côte d'Ivoire est d'aider à réaliser la promotion et le bonheur de l'homme ivoirien et cela sous-tend deux objectifs fondamentaux : assurer à l'homme ivoirien son indépendance économique d'une part et son bien-être social d'autre part.

Trois périodes vont marquer le processus de planification jusqu'en 1990 : 1960-1970, 1970-1980, et 1°80-1990 avec deux quinquennats :1980-1985 et 1985-1990. Au niveau de chaque période les grandes orientations du développement sont soulignées ce qui permet d'avoir une vue générale de l'action globale, puis est mise en évidence la politique de l'emploi (problématique et objectifs) et enfin l'on termine par un commentaire sur la période.

9.2.1.1. La décennie 1960-1970

En 1960, 1'économie est dominée par l'agriculture. Pour les autorités politiques et les planificateurs, il faut doter le pays d'un appareil de production moderne sur la base d'une industrialisation accélérée en vue de permettre une croissance forte et une é1évation du niveau de vie.

Les grandes orientations du développement

Le schéma d'évolution de la société ivoirienne est envisagé dans l'optique de la *« théorie des étapes »* de W. Rostow[58]. Ainsi, la période 1960-1970 est appelée *« phase de transition »* dans les perspectives décennales[59]. La société devra passer d'une économie traditionnelle à l'étape de transition en vue d'assurer *" le décollage"* dans la décennie 70-80.

Un effort important de diversification dans le domaine agricole doit être
fait (palmier à huile, cocotier, coton, riz etc.) dans le souci d'accroitre le pouvoir d'achat des paysans, d'assurer des recettes d'exportations (pour les cultures industrielles) et l'autosuffisance alimentaire (cultures vivrières). La croissance forte de l'industrie est recherchée.

---

[58]W Rostow " Les étapes de la croissance économique" Ed seuil 1960.
- la société selon Rostow doit suivre une évolution en 5 étapes
- la société traditionnelle ;
- la phase de transition qui doit préparer au décollage ;
- l'étape du décollage, phase où la société amorce une croissance régulière ;
- la phase de maturité ou l'économie atteint en haut degré d'autonomie ;
- l'ère de consommation de masse: c'est la phase à laquelle les sociétés occidentales sont parvenues.

[59]Ministère du Plan perspectives décennales de développement économique social et culturel 1960-1970 Ed 1967.

C'est elle qui doit être à la base de la modernisation de l'économie, permettre la création d'emplois salariés à partir d'un effort important d'investissement, et l'accroissement des revenus.

Une action d'éducation et de formation importante doit être entreprise en vue d'élever le niveau de scolarisation de la population et de disposer de main d'œuvre qualifiée de haut niveau pour servir dans l'activité économique.

La période connaîtra en réalité les perspectives décennales de 1960 à 1970 avec un Plan de 1967 à 1970. Ce sont la mise en œuvre de ces plans qui ont permis à la Côte d'Ivoire de décoller et de réaliser son *« miracle économique »*

9.2.1.2. La décennie 1970-1980

La période 1970 - 1980 est considérée comme celle du *« décollage »* c'est à dire du passage d'une économie de croissance à une société de promotion des hommes et de réponse à leurs aspirations.

Les grandes orientations

A cet effet, trois objectifs fondamentaux ont été définis (1) :

- la poursuite d'une croissance forte ;
- l'accroissement de la participation des nationaux à l'activité économique ;
- la promotion des hommes et la réponse à leurs aspirations.

Par rapport à la décennie 1960 - 1970 le modèle de croissance (Rostow) est maintenu avec la période qui est considérée comme celle du *« décollage »* ou dit *« take off »*.

La période 1975 -1980

Réflexion prospective « Côte d'Ivoire an 2000 »

La planification du développement de la période 1975-1980 est marquée par une réflexion prospective dite *« Côte d'Ivoire an 2000 »*[60]

[60]Plan quinquennal 1971-1975 op.cit

(Juin 1974-Octobre 1975) à imaginer la Côte d'Ivoire à l'horizon 2000[61]. L'emploi est considéré comme un maillon essentiel de cette réflexion.

La période 1980-1985

Cette période est marquée par la crise économique qui atteint le pays et se répercute fortement sur le niveau de l'emploi depuis 1979. Les grandes orientations de la décennie 1970 - 1980 sont maintenues.

La période 1985-1990

La Côte d'Ivoire est en pleine crise et le plan 1986-1990 qui est préparé est mis en veilleuse en lieu et place des programmes d'ajustement structurel (PAS) initiés par le FMI et la BM qui visent le court terme et à atteindre des objectifs d'équilibres budgétaires et financières pour l'Etat et ses démembrements.

9.2.2. Objectifs de planification agricole

L'indépendance économique doit se réaliser par une diversification de la production agricole et par une modernisation de l'appareil de production. Il apparaît ainsi nettement le souci des décideurs ivoiriens d'accorder la priorité au développement agricole qui lui-même comme dans la plupart des pays Africains comprend l'agriculture d'exportation (café, cacao, banane, etc.) et les activités vivrières, servant à la consommation de la population, basées sur le riz, le maïs, l'igname, la banane et le manioc.

L'agriculture d'exportation sur les deux premières décennies a été la priorité du développement. Ainsi, la Côte d'Ivoire est devenu depuis ce temps premier producteur mondial de cacao avec 410 000 tonnes en 1984, troisième producteur mondial de café avec 250 000 tonnes et premier producteur en Afrique où il est premier exportateur d'huile de palme, d'ananas frais etc.

---

[61]Ministère du Plan « Plan quinquennal de développement économique social et culturel 1976-1980 » vol I 1977

Avec l'accroissement rapide de la population de 4,3 % l'an et les importations élevées de riz, le gouvernement s'est orienté dès 1981 à travers le Plan 1981-1985 à accorder la priorité aux activités vivrières notamment le riz, le manioc, les légumes, dans le cadre d'un objectif fondamental d'autosuffisance alimentaire. Cette orientation s'est traduite par la naissance d'un ministère spécifique celui du développement rural.

Ainsi, les objectifs actuels en matière agricole sont :

- l'autosuffisance alimentaire ;
- la modernisation du monde agricole ;
- l'insertion des jeunes en milieu rural.

9.2.3. Objectifs de planification de l'éducation

L'éducation a toujours été la préoccupation majeure de la politique de promotion des hommes en Côte d'Ivoire puisque près de 40 % du budget de l'Etat lui sont consacrés.

Le système éducatif sous cette double impulsion a connu un essor remarquable tant du point des effectifs que de celui des structures avec la génération des grandes écoles et lycées professionnels. Ainsi, l'évolution des effectifs dans l'enseignement primaire, sur la décennie 1970-1980 a connu un accroissement annuel moyen de 12 %.

Les conditions de vie des enseignants se sont améliorées puisqu'ils bénéficient d'un statut particulier relativement attractif.

La crise des années 80 a permis de mettre en évidence des distorsions dont :

au niveau du primaire et du secondaire :

- manque de maîtrise de la carte scolaire ;
- effectifs pléthoriques ;
- nombreuses déperditions en cours de cycle.

au niveau de l'enseignement technique et professionnel :

- concentration autour des filières administratives et commerciales faibles rendements ;
- pas d'établissement d'accueil pour récupérer les déscolarisés des classes de CM2 ou de Terminale.

au niveau du supérieur :

- contrainte des locaux ;
- faibles rendements ;
- filières ne débouchant pas toujours sur l'emploi.

Ainsi, les objectifs en matière d'éducation sont :

- l'éducation au service du développement ;
- l'adaptation de la formation à l'emploi ;
- la maîtrise des flux et de la carte scolaire ;
- la maîtrise des coûts.

Cette politique est du ressort des départements de l'enseignement primaire, du secondaire et du supérieur, et de l'enseignement technique et de la formation Professionnelle.

9.2.4. Objectifs de planification de la santé

L'état sanitaire de la population est un facteur important de développement et de ce point de vue la politique de santé a une place primordiale dans la planification qui est assurée sur le terrain par le ministère de la santé publique et de la population à travers ces différentes structures notamment par la direction de la planification et des statistiques sanitaires.

Selon le Plan 1981-1985, l'Etat consacre en moyenne 7 % de son budget à la fonction santé. Environ 9 500 lits ont été recensés en 1980 pour 688 médecins, dentistes, pharmaciens ou spécialistes alors qu'on enregistre 654 sages-femmes, 1377 infirmiers diplômés d'Etat.

Les problèmes ne manquent pas : structures sanitaires insuffisantes, notamment disparités entre le monde urbain et rural, personnel insuffisant notamment infirmiers, paramédical), taux de mortalité infantile élevé (112 ‰).

La politique sanitaire s'articule autour des points suivants :

- développement de la santé rurale ;
- amélioration et extension du patrimoine ;
- éducation sanitaire et nutritionnelle ;
- maîtrise des coûts et amélioration du rendement du personnel.

Elle adhère également à l'objectif de l'OMS de « santé pour tous à l'an 2000 ».

Avec la crise actuelle, l'Etat de plus en plus se désengage au niveau des frais de médicament et d'hospitalisation.

9.2.5. Objectifs et planification de l'emploi

La planification de l'emploi vise deux objectifs :

- quantitatif
- qualitatif

Sur le plan quantitatif, il s'agit de résorber le chômage notamment avec la part prise de chaque secteur (moderne privé, administration, secteur informel, agriculture traditionnelle).

Sur le plan qualitatif, c'est de maîtriser le sous-emploi, d'assurer une meilleure répartition spatiale, sectorielle et par sexe, ainsi que de bonnes conditions de travail (salaire, revenu, promotion, formation, qualification, risques professionnels, sécurité sociale etc.)
La procédure en place actuellement consiste à :

1. l'élaboration du bilan diagnostic
2. la fixation des orientations et objectifs
3. l'élaboration des programmes à court, moyen et long terme, ainsi que les projets qui en découlent ;
4. la définition d'un cadre de mise en œuvre, ainsi que l'identification des sources de financement, et leur mobilisation.

Impact des variables démographiques :

A chaque stade interviennent les variables démographiques. Ainsi, au niveau du bilan-diagnostic, dont l'objet est de faire le point de

l'emploi, d'évaluer les programmes et, de mettre en évidence les principales distorsions et de procéder à des perspectives, les variables
démographiques interviennent pour la détermination des indicateurs de l'emploi (taux d'activité1 taux d'emploi, taux de chôma.ge, excédent de main-d'œuvre), et pour les analyses et projections diverses (offre / demande de main-d'œuvre).

En ce qui concerne spécialement les perspectives, trois scénario (faible, moyenne, forte) ont été élaborés pour le plan 1986-1990 qui reposent sur des hypothèses d'évolution de la population : la population d'âge actif, la population active, les perspectives de l'économie, de l'emploi et de la scolarisation. A ce niveau plusieurs modèles sont expérimentés tant pour les projections de l'offre que de la demande de main-d'œuvre[62]. Un bilan diagnostic est préparé à ce titre[63].
Dans le cadre de la fixation des objectifs, la prise en compte des variables démographiques intervient, puisqu'il tient compte d'une part de l'aspiration des populations et partenaires sociaux, et d'autre part, des perspectives, des potentialités et des moyens futurs.

Ainsi en choisissant la promotion de l'emploi rural et informel comme priorité, l'on tient compte de la contrainte que représentera l'accroissement de la population active.
En définitive, à tous les stades de la planification de l'emploi les variables démographiques sont privilégiées.

La structure par âge intervient dans l'estimation de l'offre de main-d'œuvre (population active) et sa répartition. La détermination de celle-ci est faite à partir du recensement de la population de 1975 et des enquêtes démographiques qui ont suivi sur la base de la population d'âge active (15-59 ans) dans le cadre de modèles développés par les services de l'emploi. Le choix des tranches d'âge limite est primordial parce qu'il va déterminer le niveau de l'activité. En effet, plus la base est large, plus le taux d'activité est faible.

---

[62] Paul Koffi Koffi et A. Toure op. cit

[63]Direction de l'Emploi "*Bilan diagnostic et politique de l'Emploi 1986-1990*
Juillet 1986

Une population active jeune à forte croissance est génératrice d'excédent de main-d'œuvre, c'est d'ailleurs le cas en Côte d'Ivoire.

Ainsi, la population active croit à un rythme annuel moyen de 4,1 % qui se décompose comme suit par : 1,8% pour la population active rurale et 8,2 % pour la population active urbaine. Elle est estimée à 4 970 000 d'individus en 1983 pour une population de 9.300.000. L'âge intervient également au niveau des perspectives d'emploi où la modification de la structure de la population a des effets sur la composition de la population active future (occupée / en chômage).

L'âge est également une variable déterminante dans la fixation des objectifs. Le choix de la promotion des activités rurales et informelles comme prioritaires n'est pas fortuit ; il tient compte tenu du constat que les jeunes sont les plus nombreuses victimes du chômage et de l'exode rural, d'où la mise en place d'une stratégie pour l'Emploi des jeunes en 1985.

Le sexe mérite également une attention particulière pour les planificateurs de l'emploi. En effet, les taux d'activité par sexe diffèrent et sont respectivement en Côte d'Ivoire en 1983 selon nos estimations pour les femmes de 68,79 %et 61,8 % pour les hommes à cause d'un niveau d'activité des femmes plus élevé que celui des hommes en milieu rural.

Mais, une analyse plus fine indique que le taux d'emploi féminin dans le secteur moderne reste encore bas, puisque la proportion des femmes dans ces emplois est estimée à environ 10 %. Cette situation implique des stratégies spécifiques pour promouvoir l'emploi des femmes.

Un niveau de fécondité faible à des effets négatifs sur le renouvellement de la population active. La fécondité a des implications sur l'activité des femmes surtout leur accès à certains emplois et sur les conditions de travail[64]. En effet, le nombre

---

[64] Paul Koffi Koffi et Pierre Ampoh N'Gatta *Emploi Féminin en Côte d'Ivoire* Direction de l'Emploi
Novembre 1983

d'enfants est un facteur déterminant dans la fixation des salaires, du montant des allocations familiales, des cotisations sociales et des impôts.

En milieu rural, le nombre d'enfants est considéré comme une force de travail potentiel pour le chef de famille, qui est chef d'exploitation. Cela pose le problème du travail des enfants.

L'élaboration et l'analyse des tables de vie active[65] permettent de se rendre compte de l'effet de la mortalité sur l'activité.

Ainsi, lorsque l'on détermine la série des espérances de vie active (nombre net d'années de vie active) et celle du nombre brut d'années de vie active, leur différence constitue le nombre d'années de vie active perdues à cause de la mortalité soit en moyenne 35 % en 1975 pour la population masculine ivoirienne.

Plus la mortalité est élevée, plus les taux de sortie par décès sont importants et' cela joue sur le renouvellement de la population active.

La Côte d'Ivoire pays à forte migration (externe ou interne), la planification de l'emploi ne, peut ignorer cette variable qui se traduit par un exode rural et une forte présence de main-d'œuvre étrangère. Lorsqu'on analyse les causes du chômage urbain ou l'excédent de main-d'œuvre, il apparaît nettement au premier plan les raisons liées aux phénomènes migratoires.

L'exode rural, d'une part, qui vide les campagnes et grossit les "sans emploi" urbains, et la présence, d'autre part, importante de main-d'œuvre d'origine étrangère (Africaine ou non Africaine).

Cette situation a orienté la politique de l'emploi dans deux axes prioritaires :

- la promotion des activités rurales qui doit conduire à l'installation des jeunes à la terre ;

---

[65] Paul Koffi Koffi et AbouMédiane Toure, op. Cit

- la promotion de l'emploi des nationaux par l'ivoirisation des emplois.

En définitive, à tous les stades de la planification de l'emploi la prise en compte des variables démographiques et une réalité qu'on ne peut contourner au ignorer.

9.3. Situation de la planification de l'emploi

L'emploi apparaît également comme une composante essentielle dans la planification du développement avec depuis 1978 la création d'une direction de l'emploi au sein du ministère du travail.

La situation actuelle de l'emploi est marquée par :
- un excédent croissant de la main-d'œuvre en zone urbaine et donc du chômage, excédent estimé à 558 000 en 1985 ;
- l'exode rural et le vieillissement des actifs agricoles ;
- l'inadaptation de la formation à l'emploi ;
- la présence de main-d'œuvre étrangère importante.

Ainsi, la période 1980-1985 a été a été marquée par une crise sans précédent de l'emploi avec le chômage intellectuel, et les nombreuses compressions de personnel dans le secteur moderne.
La répartition de la population active indique que le secteur moderne emploie à peine 10 % de celle-ci, le secteur informel 60 % des emplois urbains et l'agriculture traditionnelle les 3/5 de l'emploi global.

La politique de l'emploi qui a été longtemps orientée vers le secteur moderne s'articule autour des axes suivants aujourd'hui :
- promotion des emplois ruraux ;
- développement du secteur informel ;
- adaptation de la formation à l'emploi ;
- promotion des PME et Ivoirisation des emplois.

L'OMOCI qui est la structure de gestion du marché du travail, donc d'intermédiaire entre les Employeurs, ceux à la recherche d'un emploi, et le système éducatif n'a pas les moyens de sa politique malgré les efforts faits dans le cadre du Projet BIT (IVC/A02) de réorganisation des services de l'emploi et du marché du travail :

- les concepts et les nomenclatures restent à être développés adaptés et harmonisés ;
- le secteur non structuré ou informel est mal connu et il n'existe pas à ce niveau une saisie permanente, une méthodologie d'investigation ;
- l'information sur l'éducation est globale et beaucoup plus utilisable pour l'analyse des coûts que pour l'adéquation formation-emploi ;

Les caractéristiques démographiques, sont peu mises en évidence dans la problématique de la politique de l'emploi ;

9.3.1. Calcul du bilan de l'emploi

Il faut disposer des données suivantes :

- population, population active (occupée ou non) ;
- nombre d'emplois par branche d'activité, par secteur, par sexe, par âge ;
- population fréquentant une l'école ou non ;

Tableau 19 : Bilan de l'emploi 1960-1966

Bilan de l'emploi	**1960**	**1961**	**1962**	**1963**	**1964**	**1965**	**1966**
1. Population d'âge actif en %	54,55	54,55	54,55	54,55	54,55	53,16	53,16
2. nbre d'actifs disponibles	1909	1972	2058	2149	2245	2285	2392
3. nbre d'actifs =1x2	1241	1282	1338	1397	1459	1485	1555
4. nbre d'emplois	1181	1227	1270	1335	1410	1436	1496
4.1dont moderne	150	164	171	199	235	230	248
4.2dont agricole trad	745	767	790	814	838	863	889
4.3dont secteur informel	286	296	309	322	337	343	359
5=3-4 : excédent de main-d'œuvre	60	55	68	62	49	49	59
6. Taux de chômage=5/3	0,048	0,043	0,051	0,044	0,034	0,033	0,038
7. dt fonction publique	25	28	29	29	30	31	36

Source : direction de l'emploi ; nombre d'emplois en millier

9.3.2. La politique de l'emploi sur la période 1960-1970

Problématique

L'emploi est perçu uniquement au plan de l'emploi salarié. C'est à dire assorti d'une rémunération salariale dans le secteur moderne comprenant les secteurs privé, para public et la fonction publique.

On observe les caractéristiques suivantes :
- excédent de main d'œuvre et sous-emploi en milieu urbain ;
- exode rural qui est en même temps une cause à l'excédent de la main d'œuvre et au sous-emploi urbain ;
- apport important de main d'œuvre d'origine étrangère en milieu rural ;
- pénurie quantitative et qualitative dans les emplois qualifiés (cadres, maîtrise, employés et ouvriers) qui est traduit par une Ivoirisation faible.

Objectifs

Il s'agit de résorber le chômage et le sous-emploi urbain consécutif à l'exode rural essentiellement et à une contrainte de création d'emploi.

Il s'agit également d'accroitre les emplois crées par l'industrie qui doit permettre une augmentation des revenus.

Les besoins accrus en main d'œuvre du secteur industriel notamment, entrainant des objectifs de formation : éduquer et former ceux qui sont appelés à occuper les fonctions de cadre, d'agent de maîtrise ou d'ouvrier.

Ainsi, les objectifs en matière d'emploi sont relatifs au secteur moderne c'est à dire l'emploi salarié découlant des objectifs de production. Le secteur informel est perçu au départ comme une externalité du développement.

De ce fait, l'emploi n'est pas pris comme une finalité, mais l'on cherche à estimer l'emploi nécessaire à la réalisation des objectifs de production connus. Dans ces conditions un objectif de plein emploi est illusoire si la création d'emploi doit uniquement se baser sur les projets.

Loi Plan 1967-1970

Problématique

La loi plan 1967-1970 apporte un ajustement aux perspectives décennales. A cet effet, les é1ements suivants sont apparus :

- excédent de main d'œuvre urbaine compte tenue de l'augmentation de la population urbaine ;
- présence importante de la main d'œuvre étrangère.

A cet effet, la loi plan 1967-1970 note[66] " le manque de personnel ivoirien qualifié oblige l'administration et les entreprises à faire appel à des étrangers " :

- équilibre emploi formation est conçu sans la prise en compte de l'expérience professionnelle ;
- absence de sélection-orientation qui se traduit par une trop grande déperdition.

On constate que les mêmes problèmes soulevés dans les perspectives décennales demeurent et certains prennent une ampleur beaucoup plus grande. Ainsi, la loi plan note ceci : " Il ne sera pas possible même aux prix d'un effort immense d'offrir suffisamment d'emplois à ceux qui cherchent du travail".

Objectifs

- assurer le plein emploi des Ivoiriens ;
- assurer la récupération des élèves déclassés pour leur faire bénéficier d'une formation professionnelle ;

---

[66]Ministère du Plan « Loi Plan 1967, 1968, 1969, 1970 » p 10

- assurer le passage de l'école à la vie professionnelle ;
- informer les jeunes, leurs parents et les éducateurs sur les carrières et emplois offerts en Côte d'Ivoire ;
- donner assise à une politique d'attribution de bourses ajustées aux besoins Ivoiriens et aux aptitudes des bénéficiaires.

Mais il faudrait au préalable organiser l'administration centrale concernant le travail, l'éducation et la formation : l'orientation (éducation nationale), la sélection professionnelle (OMOCI), l'observation scolaire, l'information (ONFP).

9.3.3. La période 1970 - 1975

Problématique de l'emploi

L'emploi apparaît comme un élément central pour la décennie, en ce sens que parlant de promotion des hommes et de réponses à leurs aspirations et l'accroissement de la participation des nationaux, on fait nécessairement référence à l'activité des individus et à leur évolution dans l'activité.

Ainsi, dans les distorsions mises en évidence, l'Ivoirisation de l'économie (donc de l'emploi) est considérée comme une préoccupation essentielle. A cet effet, un effort doit être fait en matière d'Ivoirisation de l'emploi[67] et de responsabilisation des nationaux par l'intermédiaire de la voie contractuelle, la réglementation et la formation.

Les objectifs de la période 1970 - 1975

Parmi les options du quinquennat 1970 - 1975 on mentionne l'ivoirisation de l'économie, l'orientation de l'appareil de formation en vue de donner à tous la possibilité de communiquer et de former les hommes en fonction des besoins de l'économie.

---

[67]Ministère du Plan « *Plan quinquennal de développement économique social et culturel 1971-1975* »
Décembre 1971

En matière d'ivoirisation de l'emploi, la finalité c'est de permettre aux nationaux de participer de façon active aux tâches de développement[68]

Les créations d'emploi visent principalement le secteur moderne notamment les besoins nécessaires à la réalisation des objectifs de production.

Ainsi, les actions prévues visent à assurer :

- la priorité de l'embauche aux Ivoiriens qualifiés ;
- la promotion d'entreprises industrielles et commerciales proprement ivoiriennes.

A cet effet, l'Etat devra mettre en place un appareil de surveillance du marché du travail (renforcement de l'OMOCI), une série d'accords contractuels par branche visant l'intégration de la main d'œuvre qualifiée ivoirienne, un système de négociation des salaires avec les parties en cause (employeurs et salariés) avec une redéfinition des catégories professionnelles et leur niveau de rémunération.

9.3.4. La période 1975 -1980

L'emploi est considéré comme un maillon essentiel de la réflexion prospective Côte d'Ivoire 2000 et en voici les résultats :

La problématique

Les distorsions observées en matière d'emploi sont les suivantes :

- l'exode rural très important provenant de la destruction du milieu rural et de ses valeurs et de l'espérance d'un emploi urbain meilleur notamment plus rémunérateur ;
- immigration étrangère incontrôlée dont la cause résulte de la présence insuffisante des Ivoiriens dans l'appareil de production et le refus de certains travaux ;

[68]Loi Plan op.cit. p 9

- inadaptation quantitative et qualitative des offres et demande d'emploi due à une mauvaise orientation scolaire et un mauvais rendement de l'appareil de formation
- risque possible à moyen ou long terme d'une offre d'emploi globalement insuffisante en milieu urbain.

Les objectifs

Le but fondamental c'est le plein emploi c'est à dire *« une société sans chômeurs »*.
L'ivoirisation est un objectif également important dont la finalité est la réalisation d'une économie Ivoirienne, c'est à dire *« l'endogénéisation de la croissance et de ses fruits au bénéfice des nationaux et du renforcement de l'indépendance économique de la nation »*.

A cet effet, un certain nombre de dispositions sont proposées :

a) Au niveau de la demande

i) Agir sur l'exode rural

Cela devra se traduire par :

- accroissement des revenus agricoles grâce à une mécanisation modérée et progressive, technologies adaptées, maîtrise des calendriers agricoles, infrastructures de stockage et de conservation des produits ;
- revalorisation du travail de la terre et reconversion des mentalités urbaines vis à vis du monde rural ce qui implique une modification radicale du contenu et de la forme de l'enseignement système de formation ;
- intensification des efforts d'équipement (FRAR) et animation rurale (ONFP).

ii) Agir sur l'immigration

- mesures restrictives en milieu urbain et sur la propriété financière

- protection des travailleurs Ivoiriens.

b) Au niveau de la demande et de l'offre inadaptation des offres et demandes :

- amélioration des structures de l'OMOCI pour la meilleure connaissance des besoins en main d'œuvre et pour l'organisation du retour des jeunes à la terre adéquation emploi-information, système de formation permanente ;
- fixer aux entreprises des quotas d'ivoirisation par catégorie d'emploi en leur faisant l'obligation de former des ivoiriens pour occuper les postes correspondants et les contrôler.

c) Action concernant l'offre d'emploi

- rechercher la maximisation du volume de l'emploi même si cela devrait avoir pour effet de baisser le taux de croissance de l'économie ;
- augmenter l'offre d'emploi urbain par :

  - l'ivoirisation réglementée des emplois (quotas par catégorie) ;
  - promotion de l'esprit d'entreprise des nationaux afin d'avoir une classe d'entrepreneurs ·Ivoiriens.

- réorientation des conditions faites aux entreprises (fiscalité, crédit, taux de change) en vue de rechercher des activités fortement utilisatrice de main d'œuvre :
- création d'emplois industriels et tertiaires en milieu rural ;
- nationalisation des structures de production en milieu rural ;
- décentralisation des activités économiques et pôles de développement.

L'ensemble de ces dispositions sont reprises dans le plan 1976 - 1980. Ainsi, au niveau des options de la période et des grandes mutations, l'emploi apparaît au titre de l'accélération de l'ivoirisation des emplois et des centres de décision. A cet effet, les moyens à mettre en œuvre en vue de l'ivoirisation de l'emploi sont deux ordres :

- effort accru de programmation de l'ivoirisation contractuelle pour le privé et réglementaire pour le public ;
- effort de formation accélérée des nationaux appelés à occuper les emplois concernés.

La politique de l'emploi 1976 - 1980

La problématique mise en évidence dans le cadre des réflexions prospectives" Côte d'Ivoire an 2000 " est reprise.

En matière d'objectifs, on y retrouve ceux des réflexions prospectives avec une insistance sur les éléments suivants (objectifs optionnels) :
- accroissement du rythme de création d'emploi en milieu urbain ;
- promotion de l'emploi des nationaux ;
- recherche d'une meilleure adaptation qualitative de l'offre et de la demande d'emploi ;
- modération et réorientation de l'exode rural ;
- recherche et expérimentation de modalités du partage de l'emploi disponible ;
- recherche d'une harmonisation des conditions de travail.

Tous ces objectifs optionnels visent à l'objectif central de résolution progressive de l'excédent actuel et potentiel de main d'œuvre en milieu urbain.

Les moyens
- Les moyens concernant l'objectif optionnel 1 se rapportent à :
- la recherche d'une croissance forte dans les secteurs secondaire et tertiaire ;
- encouragement des activités et techniques utilisatrices de main d'œuvre ;
- développement et modernisation du secteur artisanal et traditionnel.

Ceux concernant l'ivoirisation se rapportent 2 à :

- la création d'une commission nationale de l'ivoirisation ;
- l'élaboration et la mise en œuvre dans les secteurs publics de programme d'ivoirisation ;
- l'adoption d'un programme d'ivoirisation dans le secteur privé par catégorie professionnelle et branche d'activité sur la base d'une négociation entre l'Etat et les entreprises sous la responsabilité de la Commission nationale de l'ivoirisation.

S'agissant de l'objectif optionnel 3, on note :

- l'amélioration de la réponse de l'appareil éducatif pour répondre aux besoins de l'économie ;
- la refonte du système éducatif ;
- le progrès dans la connaissance des prévisions des besoins en main d'œuvre ;
- l'information - orientation.

Concernant l'objectif optionnel 4, il s'agit de :

- modernisation de l'activité agricole et condition d'existence en milieu rural ;
- refonte du système éducatif ;
- politique d'aménagement du territoire ;
- amélioration du revenu agricole.

S'agissant de l'objectif optionnel 5 il faut initier des recherches sur le partage de l'emploi.

Enfin concernant l'objectif optionnel 6 les actions à mener devront porter sur les éléments suivants :
- durée et rythme du temps de travail ;
- calendrier de travail ;
- pollution et nuisances ;
- équipement sanitaire.

9.3.5. La période 1980-1985

Cette période est marquée par la crise économique qui atteint le pays et se répercute fortement sur le niveau de l'emploi. Les grandes orientations de la d6cennie 1970 - 1980 sont maintenues.

Problématique de l'emploi

- le milieu rural se caract6rise par un déficit de force de travail consécutif à l'exode vers les zones urbaines des jeunes actifs potentiels ;
- le milieu urbain se spécifie par un excédent de main d'œuvre occasionné en partie par un mouvement migratoire (exode rural, migration extérieure).

Politique d'emploi et ivoirisation

L'objectif final recherché est d'éviter l'accroissement de l'excédent de main
d'œuvre notamment urbain.

A cet effet, l'accent sera mis sur les points suivants :
- politique intensive de modernisation de l'activité agricole ;
- insertion des jeunes et leur participation de la mise en valeur du pays, en vue de ralentir l'exode rural ;
- recherche d'une croissance forte de l'économie et industrialisation ;
- politique accrue de participation des nationaux ;
- promotion de l'artisanat et des activités traditionnelles ;
- accélération de l'Ivoirisation par des actions suivantes :
- effort sur tous les niveaux de qualification ;
- renforcement de l' OMOCI (amélioration des services de traitement des offres, demandes et placements) ;
- établissement des programmes d'ivoirisation ;
- effort de formation ;
- équilibre emploi-formation.

Commentaires sur la période 1980 - 1985

Cette période est marquée par l'aggravation de la crise de l'emploi : l'excédent de main d'œuvre notamment en milieu urbain grandi.

Les grandes orientations de la décennie 1970 - 1980 sont celles qui vont guider les actions du quinquennat 1980 - 1985. Ce qui signifie que l'emploi reste un des éléments de grandes préoccupations.

Par contre ce qui va changer dans l'approche de l'emploi c'est la référence à l'emploi informel qui en réalité occupe plus d'actifs que le secteur moderne.

Ainsi, dans les objectifs préconisés pour endiguer les distorsions existantes (les mêmes), plus ou moins accentuées avec un phénomène nouveau de "chômage intellectuel", on note la promotion de l'artisanat et des activités traditionnelles. La priorité aux unités géantes de la grande industrie est délaissée pour les PME.

Malgré tout, concrètement il n'y a rien de prévu pour l'emploi informel.

A nouveau l'organisation de l'OMOCI est d'actualité, c'est pour cette raison qu'un projet d'organisation des services de l'emploi notamment l'OMOCI et la direction de l'emploi a vu le jour.

La politique d'ivoirisation est à nouveau affirmée.

9.3.6. La période 1985-1990

C'est la période de la mise en place du PVRH dans le cadre des PAS dont les objectifs sont d'assurer une gouvernance financièrement équilibrée des politiques sociales qui se traduisent par des réductions des dépenses d'éducation formation emploi en matière de :

- construction des salles de classe ;
- matériel didactique ;
- recrutements ;
- bourses ;
- etc.

C'est également la mise en place de filets sociaux :

- Soutien des chômeurs licenciés ;
- Opération spéciales formation-emplois

- Ivoirisation ;
- Etc.

Le problème se ramène à celui du déficit budgétaire et des finances publiques en général ce qui sous-entend la réduction des budgets et dépenses sociales. C'est aussi la période de la reconnaissance de l'emploi informel qui absorbe une grande partie de la main d'œuvre dont celle salariée fait l'objet de licenciements massifs.

Un séminaire national est dédié à la promotion du secteur informel. Une Commission nationale est mise en place pour la promotion des jeunes à la terre dit retour des jeunes à la terre.

9.4. Pour une politique de l'emploi mieux planifiée

Le Plan ayant une vision à moyen et long terme, vision certes nécessaire et indispensable pour appréhender l'ensemble des phénomènes du monde du travail et de l'intégrer dans la stratégie globale du développement, il est devenu urgent que des politiques de court terme soient envisagées et développées tout en restant en compatibilité avec la vision du long terme qui elle-même est amenée à subir des transformations, compte tenu des phénomènes de conjonctures qui apparaissent sur le marché du travail.

Tous ces éléments doivent tenir compte des deux principales conclusions suivantes à l'issue de l'analyse :

- existence de distorsions structurelles donc permanentes ;
- phénomènes nouveaux comme « le chômage intellectuel » et les licenciements importants en rapide évolution.

Ainsi, concernant le premier constat, les solutions à envisager doivent s'inscrire dans une perspective de moyen et long terme. Quant au second, il faut à la fois des solutions de court terme, de moyen et long terme.

Mais parvenir à des politiques optimales, suppose que des actions entreprises dans les directions suivantes (quand elles le sont) soient renforcées :

9.4.1. Développement des structures de l'administration de l'emploi

Cela signifie que la structure de l'Office de la main d'œuvre de Côte d'Ivoire (OMOCI : décret n° 52.729 du 21/7/82 et décret n° 84.108 du 22/8/84) doit se mettre rapidement mais progressivement en place avec une dotation budgétaire nécessaire à son fonctionnement. Ainsi une première procédure consistera à mettre en place des divisions qui avec le personnel en place, à former ou à recruter, passeront lorsqu'elles seront devenues opérationnelles en des directions. Cette réforme va donner lieu à une nouvelle structure dénommée Agence pour l'emploi (AGEPE) qui va remplacer l'OMOCI.

Il faudrait également encourager et soutenir l'œuvre d'expérimentation de systématisation de la gestion des fichiers du marché de l'emploi.

En créant une sous-direction de la planification des ressources humaines au sein de la direction de l'emploi (l'autre composante de l'administration de l'emploi) en 1984, l'on a voulu affirmer la volonté de conjuguer la réflexion et l'action; en effet la planification organise le processus futur de mise en adéquation des besoins et les opportunités du marché du travail pour résorber le chômage et le sous-emploi, pour améliorer la productivité de la main-d'œuvre et pour rétablir l'équilibre entre la formation et l'emploi.

La priorité à cet égard doit être accordée à la mise en place d'un groupe d'études et recherches ouvert à la pluridisciplinarité, faisant preuve d'initiative et soumis à un rythme soutenu de publications régulières à partir desquelles des propositions de politique ou programmes d'emploi pourraient être construites.

Cela suppose que la direction de l'emploi soit dotée de moyens conséquents (malgré l'effort fait pour acquérir un micro-ordinateur, une machine offset pour l'imprimerie, une photocopieuse) : abonnement à des revues, spécialisées, organisation, participation à des séminaires, moyens d'investigation comme par exemple au niveau du secteur informel. Etc.

9.4.2. Développement du système d'information sur l'emploi

Jusqu'à présent l'essentiel de l'information concernant l'emploi est d'origine extérieur aux services de l'emploi (Banque de données financières, ONFP, chambre d'industrie, CNPS, Agriculture etc.) ; cela a pour conséquence l'impossibilité de disposer des informations récentes et adaptées aux besoins.

D'autre part cette situation conduit à une forme de dépendance et à l'attente. A cet égard des études sont suspendues, retardées, ou mêmes annulées faute d'information ou de réponse rapide (lorsqu'elle est fournie) et conforme à la demande.

Dans ce sens la direction de l'emploi met en place actuellement un fichier d'établissement et d'entreprises qui servira comme outil efficace d'analyse de l'emploi. Mais ce système est conditionné par la mise en train des déclarations périodiques de main d'œuvre (OMOCI) auxquelles doivent se conformer les entreprises (privées et para publiques).

Concernant l'emploi dans la fonction publique qui est le principal employeur du secteur moderne, un système devra également voir le jour permettant de recueillir des informations récentes, fiables et étoffées sur ce secteur.

S'agissant de l'emploi informel ou du secteur non structuré, aucun suivi permanent n'existe actuellement. Le séminaire de 1987 mettra en place un cadre national de suivi avec les opérateurs de ce secteur.

Concernant le marché de l'emploi, beaucoup reste également à faire pour mieux l'appréhender. L'espoir est donc mis dans la réorganisation des services de l'OMOCI gestionnaire du dit marché du moins en ce qui concerne le secteur moderne privé et para public, d'où l'Agence pour l'emploi qui viendra le remplacer avec un observatoire en son sein.

Les informations sur l'emploi se rapportent également aux conditions de travail (salaires, accidents, temps de travail etc.) à la sécurité sociale, aux litiges et conflits etc. qui méritent qu'on y apporte beaucoup d'attention. Ainsi, l'étude des salaires, du temps de travail et d'autres conditions de travail se fera à partir d'un panel d'entreprises qui naîtra du fichier établissements-entreprises. Cette Agence avec la disparition de l'ONFP mettra en œuvre une enquête emploi avec l'INS.

Concernant les litiges et conflits un nouveau système est en expérimentation, système qu'il faudra envisager pour les accidents de travail.

D'autre part, il est envisagé la mise en place toujours à la direction de l'emploi un tableau de bord sur l'emploi, mais sa construction ne démarrera que si les informations minimales sont réunies.

9.4.3. Mise en place d'un groupe de planification des ressources humaines

Malgré les efforts faits au niveau du ministère du plan et de l'ONFP en matière de planification des ressources humaines, fort est de constater que des causes importantes subsistent. A cet effet la note de synthèse Battelle sur l'emploi dans le cadre de la préparation du plan 1985-1990 note ceci[69] (1) " compte tenu des lacunes observées dans le système actuel, la recherche d'éléments pouvant servir de base aux décisions dans un domaine aussi important que celui de la planification des ressources humaines se trouve singulièrement limitée. Ces lacunes en effet constituent un obstacle tant pour résoudre les questions relatives à la formation et son adéquation aux besoins, que pour l'élaboration de politiques actives de l'emploi visant à prévenir des dérégulations ou des blocages d'ordre social et économique à la fois".

---

[69]Battelle " *note de synthèse sur l'emploi*" Mars 1983 p. 14.

Ces lacunes se trouvent au niveau des éléments suivants :

- système d'information sur l'emploi ;
- nomenclature ;
- établissement et présentation des prévisions d'emploi ;
- outils et modèles de prévision ;
- structure de coordination.

A cet effet, un groupe de planification des ressources humaines est à souhaiter, comprenant les services suivants : direction de l'emploi, OMOCI, ONFP, direction de la planification et de l'informatique (éducation nationale), service d'information et d'orientation, direction du plan, direction de la statistique et les partenaires sociaux (UPACI et UGTCI)[70].

Ce groupe devra parvenir à mettre en place un système de planification des ressources humaines, prenant en compte entre autre les différentes formes d'emploi (secteurs moderne informel, agricole traditionnel) et mettant un accent sur le court terme.
La direction de l'emploi a deux sous-directions dont l'une est chargée des statistiques, des études et des recherches sur l'emploi et l'autre chargée de la planification des ressources humaines. L'OMOCI structure dont la finalité est de gérer le marché de l'emploi et d'assurer le placement, est un établissement public qui, de surcroit, exécute cette politique notamment celle de l'ivoirisation puisqu'il donne la priorité de l'emploi aux nationaux.

[70] UPACI : Union du patronat de Côte d'Ivoire.
UGTCI : Union générale des travailleurs de Côte d'Ivoire.

CONCLUSION

En portant un regard sur la situation et les politiques de l'emploi en Côte d'Ivoire pendant la décennie 1980-1990 où nous avons servi au ministère du travail, nous avons voulu présenter le contexte de la gouvernance des questions de l'emploi, la structure de l'emploi et les caractéristiques du marché du travail avec un faible taux du chômage jusqu'à la fin des années 70. Mais, le début des années 80, on va assister au début du chômage des diplômés de l'enseignement supérieur, voit apparaître de différentes opérations menées pour contenir la question, qui se présente sous la forme de compressions du personnel, liées à la conjoncture économique mais aussi la question de l'inadéquation entre la formation et l'emploi, 20 ans après les indépendances.

Aujourd'hui, la problématique de l'emploi demeure toujours d'actualité, et le chômage en général et celui des jeunes en particulier est une réalité. L'ajustement du marché de l'emploi n'a pu se faire compte tenu de plusieurs facteurs dont :

- forte demande due à une forte croissance démographique ;
- une main d'œuvre, moins qualifiée et faiblement formée à l'emploi et aux métiers du contexte économique ;
- des diplômes peu adaptés au marché du travail et de faibles qualifications ;
- des offres d'emplois insuffisantes émanant du secteur moderne dominé par l'administration et un secteur privé peu créateur d'emplois ;
- un secteur informel inorganisé à fort sous-emploi ;
- Une main-d'œuvre agricole nombreuse mais pas qualifiée se traduisant par une faible productivité.

Comme pistes essentielles c'est de :

- Développer la connaissance et les informations sur le marché de l'emploi, savoir où sont les niches d'emplois ;
- Assurer une bonne gestion du marché de l'emploi ;

- Améliorer la demande par une formation professionnelle adaptée aux besoins de l'économie nationale et internationale ;
- Améliorer l'offre afin de sortir de l'informel les secteurs agricole et non structuré, puis les rendre plus productifs.

Le livre présente des programmes particuliers qui ont été expérimentés comme l'ivoirisation des cadres qui est un programme pour promouvoir l'emploi des nationaux dans les sphères de décisions et d'opération dans les entreprises du secteur moderne sans oublier les programmes de formation-emploi pour les jeunes diplômés de l'enseignement supérieur. L'ouvrage expose aussi des modèles économétriques simples pour expliquer les liens entre la production et l'emploi avec possibilité de faire des prévisions.

BIBLIOGRAPHIE

1. Abdou Toure, les petits métiers, Ed Harmattan

2. Banque Mondiale, *Atelier sur la valorisation des ressources humaines*, avril 1989 ;

3. Battelle " *Note de synthèse : résultats de la première phase de " l'étude concernant la détermination du volume de l'emploi aux horizons 1985 et 1990*Direction du Plan Mars 1984 ;

4. BIT. Recommandations de la treizième Conférence internationale des statisticiens du travail, Genève, oct. 1982 ;

5. BIT "*Rapport de la mission préparatoire accomplie du 31 Janvier au 12 Février 1978* sur le fonctionnement de l'OMOCI et le marché de l'emploi Il Genève Mars 1979 ;

6. BIT *Séminaire nation sur la promotion du secteur informel en Côte d'Ivoire* Octobre 1987 ;

7. BIT, *séminaire sur les statistiques de l'emploi et du secteur non structuré*, Rabat, 10-17 oct. 1984, tomes 1 et 2 ;

8. BIT, *Urbanisation, secteur informel et emploi*, Genève, mai 1984 ;

9. Célestin J.B. " *la planification de la main d'œuvre et l'information sur le marché de l'emploi en Afrique francophone* " in Revue Internationale du Travail vol 122 Juillet Août 1983 pp 543 – 559 ;

10. CIADFOR Publications diverses ;

11. Direction de l'Emploi, *Bilan et perspectives de l'Emploi 1985-1990*

12. ENSEA / FNUAP *Séminaire sous régional sur la prise en compte de la variable population dans les plans de développement* Mars 1985 ;

13. FNUAP Fonds des Nations Unies pour la Population créé en 1967 ;

14. Garry Becker, *Human Capital, A Theoretical and Empirical Analysis, with Special Reference to Education*, Columbia University 1964;

15. INS : Enquête ivoirienne de fécondité 1978 ;

16. INS : l'Enquête démographique à passages répétés 1978 ;

17. INS: RGPH 1975 à 2014;

18. Jacques CHARMES, *Séminaire sur le secteur non structuré*, Rabat, oct. 1984 ;

19. Ministère du Plan " *Perspectives décennales de développement économique social et culturel 1960 - 1970* " Edition 1967 ;

20. Ministère du Plan " *Plan quinquennal de développement économique social et culturel 1971 - 1975* " Edition 1971 ;

21. Ministère du Plan " *Plan quinquennal de développement économique social et culturel 1976 - 1980 " vol I et vol III* Edition 1977 ;

22. Ministère du Plan" Loi Plan 1967, 1968, 1969, 1970 " Edition 1967 ;

23. Ministère du Plan" *Plan quinquennal de développement économique social et culturel 1981 1985 II Tome I et Tome II vol II* Edition 1988 ;

24. Ministère du Plan, *Déclaration de Politique Nationale de Population*, 1997.

25. Ministère du Travail et de l'Ivoirisation des Cadres, *la Charte de l'Ivoirisation des Cadres ;*

26. Ministère du Travail, *Séminaire national sur la croissance démographique, l'urbanisation et l'emploi,* novembre 1987 ;

27. Ministère Enseignement technique et de formation professionnelle

28. *Ministère du Travail et de l'Ivoirisation des Cadres, décret n° 84-108 du 22 Février 1984 ;*

29. Ministère du Travail et de l'Ivoirisation des Cadres MTIC, décret n°78-875 du 13 Octobre 1978 ;

30. Nations Unies, La Conférence mondiale sur la Population 1974,1984,1994.

31. OMOCI divers publications statistiques du marché du travail ;

32. ONFP, Enquêtes Emploi ;

33. Paul Koffi KOFFI Essai de construction d'un modèle de projection de la population active et des effectives scolaires Janvier 1985 ;

34. Paul Koffi KOFFI Analyse comparative des sources de données sur l'emploi non agricole en Côte d'Ivoire Juillet 1984 ;

35. Paul Koffi KOFFI *Employabilité des diplômés du secteur éducation-formation en Côte d'Ivoire,* Ed Harmattan, 2020

36. Paul Koffi KOFFI et Aboumédiane TOURE Croissance démographique et prévision des effectifs scolaires et de la population active en Côte d'Ivoire 1980, 1985, 1990 ENSEA 1980 ;

37. Paul Koffi KOFFI et A. Ampoh N'GATTA Emploi féminin en Côte d'Ivoire. Direction de l'Emploi Novembre 1983 ;

38. *Paul Koffi KOFFI le Monde, l'Afrique, la Côte d'Ivoire d'hier à l'horizon 2040, Editions Harmattan 2021*

39. Paul Koffi KOFFI Influence des facteurs démographiques sur la planification de la main-d'œuvre Janvier 1985 ;

40. *Paul Koffi KOFFI Le défi du développement en Côte d'Ivoire* Ed Harmattan, 2008 ;

41. *Paul Koffi KOFFI Management stratégique, approches et expériences,* Editions Tabala ,2017 ;
42. PECTA / BIT Besoins essentiels et niveaux de satisfaction dans la CEAO / cas de la Côte d'Ivoire Addis-Abeba 1981 ;

43. Robert Barro and I Grossman, "A General Disequilibrium Model of Income and Employment", American Economic Review, Vol 61, March, pp82–93Barro

44. Robert Lucas Lucas R. E. Jr. et L. Rapping (1969) "Real Wages, Employment, and Inflation", Journal of Political Economy, vol. 77, pp. 721-754;

45. Theodore Schultz, *Investment in Human Capital: The role of education and of research,1971;*

46. Thomas Malthus, Essai sur le principe de la population, 1798 ;

47. V.P. Die jomaoh, Atelier africain sur la promotion de l'emploi des jeunes en Afrique, PECTA/BIT, Buea (Cameroun) ;

48. W. ROSTOW « Les étapes de la croissance économique » Ed seuil 1960.

ANNEXES

Annexe 1 : indicateurs démographiques de base

Annexe 2 : Statistiques de l'emploi

Annexe 3 : Résultats de l'analyse de corrélation entre l'emploi et le chiffre d'affaires

Annexe 4 : Sources des données sur l'emploi et la production (chiffre d'affaires)

Annexe 5 : Rapport final du séminaire national sur la promotion du secteur informel en côte d'ivoire 12 au 17 octobre 1987 à Abidjan

Annexe I : indicateurs démographiques de base

I. POPULATION

1.1 Champ et sources de données

1.1.1 QUE RECOUVRE CE TERME "POPULATION" ?

ENSEMBLE D'INDIVIDUS / 1 LOCALITÉ

1 VILLE
1 REGION
1 PAYS
1 CONTINENT

1.1.2 QU'EST-CE QU'UN PROBLEME DE POPULATION ?

* TOUT PROBLEME VECU PAR L'HOMME.
==>IMPOSSIBILITE DE CERNER LE TERME
==>CIRCONSCRIRE

1.1.3 CHAMP : EVENEMENTS PRECIS :

- NAISSANCE -
REPRODUCTION
- MIGRATIONS, UNION, etc. ...
- MORT
- TOUT EVENEMENT SOCIO-ECONOMIQUE LIE DIRECTEMENT

==>PLUSIEURS VISIONS:

* DEMOGRAPHIE ---->Natalité, fécondité, nuptialité, morbidité, mortalité, migrations, croissance

* ÉCONOMIE ---->Etude de la production et distribution des biens et services (allocation des ressources).

SOURCES DE DONNEES

Recensements
Enquêtes par sondage
Sources Administratives

A/ **Recensement**

- caractère exhaustif
- photographie à un moment donné

Avantages

- exhaustif
- biais atténués
- plusieurs domaines couverts.

Inconvénients

- lourd
- cher
- mouvements mal saisis

B/ **Enquête** échantillon + extrapolation

Avantages

spécialisées
peu chères
délais rapides
questions retro ou perspectives

Inconvénients

biais importants
résultats rapidement obsolètes

c/ **Sources administratives:** info. Spécialisées des services compétents : Etat-civil, fiscalité, ...

Avantages :

- peu coûteuses
- mises à jour périodiques
- disponibles

Inconvénients

- peu documentées
- accès difficile
- insuffisant pour l'analyse approfondie

1.2 Composition par sexe et âge

structure par sexe

Comportements des individus différents selon le sexe

$$\textbf{Rapport de masculinité (RM):} \quad \frac{\textbf{Nb Hommes}}{\textbf{Nb Femmes}} \times 100$$

= nombre d'hommes pour 100 femmes.

$$\text{===>RM à la naissance} \quad \frac{\text{Nombre de naissances masculines}}{\text{Nombre de naissances féminines}} \times 100$$

- RM global <100? ou >100? ou = 100 ?

structure par âge

- Comportements des individus diffèrent selon l'âge
- Population jeune ===>pyramide d'âge
- Population âgée ===>pyramide d'âge

EN AFRIQUE

0 - 14 ans	40 - 45%
15 - 64 ans	50- 56%
65 ans et plus	4 et 15%

====>Investissements démographiques.

$$\textbf{RDE (Rapport dép.Eco.)} = \frac{\textbf{-15 ans + 64 ans}}{\textbf{15 ans - 64 ans}} \times 100$$

1.3 <u>Taille, densité, zone de résidence</u>

Taille - Combien sommes-nous ?
- PIB/Tête ?

Population résidente *i* population de fait (territoire)

P(population)
Densité : ---------------------= Pression sur les terres
S (superficie)

===>Concentration/répartition

Zone de résidence : Rural *'F* Urbain

1.4 Natalité et fécondité

i) Natalité et fécondité se rapportent à la naissance, à la reproduction et à la procréation humaine.

Nombre de naissances/Jour? (Annuel ?)
PAYS X? =
MONDE ? =

Taux Brut de Natalité (TBN) =

$$\mathbf{TBN} = \frac{\textbf{Nombre de naissances}}{\textbf{Population Totale}} \times 1000$$

Le TBN représente le nombre de naissances pour 1000 habitants.

EXERCICE

TBN = ?
TBN (Africain) = ?
Comment le mesure-t-on ?
- Recensement ---->Quelle question ?
- Enquête ---->Quelle question ?
- Etat civil ---->Quelle question ?

ii) **Taux général de fécondité (TGF)**

$$\mathbf{TGF} = \frac{\textbf{Naissances vivant}}{\textbf{Femmes (15 - 49 ans)}} \times 1000$$

Nombre de naissances vivantes durant 1 année par femme (pour 1000 femmes en âge de procréer).

EXERCICE

TGF (Pays X) = ?

Quelle différence entre TBN et TGF ?

Pourquoi le TGF est moins utilisé ?

Comment le détermine-t-on ?

- Recensement ?
- Enquête ?
- Etat civil ?

TGF peut se calculer par âge.

Fi = Taux de fécondité à l'âge i

$$\mathbf{TFi} = \frac{\text{Naissances des femmes d'âge i}}{\text{Nbre femmes d'âge i}}$$

iii) Le Taux de Descendance Complète (TDF)= Indice synthétique de fécondité (ISF)

= Nombre d'enfants eu par femme à la fin de ses années de procréation (50 ans et +)

= Somme des naissances réduites

= ISF (Indice Synthétique de Fécondité)

$$ISF = a \times \sum (fi)$$

Fi : taux de fécondité âge i
a : amplitude du groupe d'âges
a = 5 ou ? (selon le cas)

***iv)* Taux Brut de Reproduction (TER)**

= Nbre de filles nées durant la période de procréation d'une femme

Que signifie-t-il ?

= Capacité de reproduction

<u>EXERCICE</u>

- TBR (Pays X) ?
- TNR (Taux Net de Reproduction) ?
- Quelles différences entre TBN, TGF, ISF, TBR ?

Exemples de calcul ISF

Exemple 1 :

Age	Nbre d'enfants	Nbre de femmes	Taux de fécondité
15 -19	200	1500	0,13
20 - 24	150	800	0,19
25 -29	2 300	500	0, 6
30 - 34	3 1809	500	0,36
35 - 39	3 1004	400	0,25
40 - 44	4 1009	300	0,33
45 - 49	4 604	200	0,30
Total	9	4200	2,16

ISF 2,16 x 5 = 10,8 = Il enfants

a = 5 amplitude des groupes d'âges

Exemple 2

Somme des naissances réduites =ISF

Age	Nbre d'enfants	Nbre de femmes	Taux de fécondité
15 - 19	100	500	0,2
20 - 24	200	1000	0,2
25 - 29	500	1500	0,3
30 - 34	300	1000	0,33
35 - 39	100	500	0,2
40 - 44	50	400	0,125
45 - 49	20	300	0,06
Total	1090	5200	1,415

ISF = 5 x 1,415 = 7,075

5 = amplitude des groupes d'âges

1.5 <u>Nuptialité</u>

Elle se rapporte à l'union du couple.

Statut : Marié / Célibataire / Divorcé / Veuf

Complications avec de nouvelles formes de vie matrimoniale: séparés, concubins.

$$\textbf{Taux de mariage} = \frac{\textbf{Nbre de mariage}}{\textbf{Population Totale}} \times 100$$

(y compris le remariage)

Indicateur pas très efficace **====>**

Age médian au 1er mariage = M
==> mariage précoce ou tardif

= l'âge auquel 50% de la population est mariée

<u>EXERCICE</u>

- Age médian au 1er mariage ? (Pays X)
- Comment le détermine-t-on ?
- Recensement
- Enquête
- Etat civil

1.6 La morbidité et la mortalité

La morbidité

La morbidité a trait à la maladie : mesurer l'étendue ou la portée d'une maladie par rapport à la population exposée.

$$\text{TAUX DE MORBIDITE} = \frac{\text{Nbres de malades}}{\text{Population exposée}}$$

N.B. Attention il s'agit de la population exposée

Annexe II : Statistiques de l'emploi

Tableau I.1 Bilan de l'emploi en Côte d'Ivoire 1975-1990

Structure de la population	1975	TCM %	1980	TCM %	1985	TCM %	1990 *
1 Population totale	6709000	+4,3	8262000	+4,3	10200000	+4,3	12560000
2 Population active	3730000	+3,8	4497000	+3,8	5380000	+ 4,1	6553000
3 Population occupée	3650000	+3,4	4314000	+2,1	4775000	+2,9	5526000
- Secteur agricole traditionnel	2797500	+2,3	3125000	+2,1	3460000	+2,5	3900000
- Secteur moderne (privé+public)	340900	+6,6	470000	-3,0	405000	+1,0	426000
- Secteur informel (sédentaire+ non sédentaire)	511600	+7,0	719000	+5,0	910000	+5,7	1 200000
4 chômeurs:2 - 3	+80000	+18,0	+183000	+27,0	+605000	+11,1	+ 1027000

Source: Direction de l'emploi et combinaison de sources multiples (Direction de la statistique, Direction du plan, ONFP).

1990*: prévisions.

TCM: taux de croissance moyen annuel.

TABLEAU I.2 : Bilan de l'Emploi selon le milieu (rural/ urbain) en Côte d'Ivoire 1975 - 1990

Structure de la population	1975		1980		1985		1990	
	Rural	Urbain	Rural	Urbain	Rural	Urbain	Rural	Urbain
1 Population totale	4563300	2145700	4990400	3271600	5365000	4835000	5670000	6890000
2 Population active	2603000	1127000	2833000	1664000	3246000	2134000	3800000	2753000
3 Population occupée	2591000	1059000	3197000	1117000	3364000	1411000	3929500	1596500
- Secteur agricole traditionnel	2318000	479500	2960000	165000	3121000	339000	3689000	211000
- Secteur moderne	64000	276900	70500	400000	61000	344000	60500	365500
- Secteur informel (sédentaire + non sédentaire)	209000	302600	167 000	552000	182000	728000	180000	1020000
4 Excédent ou deficit = 2-3	+12000	+ 68000	- 364000	+547000	-118000	+723000	- 129500	+1156500

Source : Direction de l'Emploi et sources diverses (Direction de la Statistique, Direction du Plan)

1990 * : prévisions

Excédent = chômeur

Tableau I.3 Bilan de l'emploi selon le sexe (masculin/féminin) en Côte d'Ivoire 1975-1990

Structure de la population	1975		1980		1985		1990*	
	M	F	M	F	M	F	M	F
1 Population totale	3 474750	3 234850	4 300700	3 961300	5 325300	4 874700	6 605900	5 953100
2 Population active	1 909000	1 821000	2 327000	2 170000	2 787000	2 593000	3 394500	3 158500
3 Population occupée	1 849000	1 801000	2 198900	2 115100	2 393750	2 381250	2 747490	2 778510
- Secteur agricole traditionnel	1 388500	1 409000	1 551000	1 574000	1716000	1 744000	1934200	1 965800
- Secteur moderne	318900	22000	434750	35250	360450	44550	368000	58000
- Secteur informel	141600	370000	213150	505850	317300	592700	445290	754710
4 Excédents = 2-3 (chômeurs)	+ 60000	+ 20000	+ 128100	+ 54900	+ 393250	+ 211750	+ 647010	+ 379990

Source: Direction de l'emploi et sources diverses (Direction de la statistique, Direction du plan).

1990*: prévisions (hypothèse moyenne d'une légère reprise: bilan diagnostic et politique de l'emploi, Direction de l'emploi, juillet 1986).

M: masculin.

F: féminin.

Tableau I.4 Bilan de l'emploi selon la nationalité (Ivoirien/non-Ivoirien) en Côte d'Ivoire 1975-1990

Structure de la Population	1975		1980		1985		1990*	
	Ivoir.	N-Ivoir.	Ivoir.	N Ivoir	Ivoir.	N Ivoir	Ivoir.	N Ivoir.
1 Population totale	5 203580	1506020	6 180000	2 082000	7 340000	2 860000	8 717800	3 850200
2 Population active	2 743000	987000	3 130180	1 366820	3 569000	1 811000	4 162300	2 390700
3 Population occupée	2 683000	967000	3 030180	1 283820	3 206000	1569000	3 494750	2 031200
- Secteur agricole traditionnel	2 293950	503550	2 445430	679570	2 560750	899250	2 716550	1 183400
- Secteur moderne	221480	119420	333100	136900	281250	123750	298200	127800
- Secteur informel	167570	344030	251650	467350	364000	546000	480000	720000
4 Excédent (2-3):(chômeurs)	+ 60000	+ 20000	+ 100000	+ 83000	+ 363000	+ 242000	+ 667550	+ 359500

Source: Direction de l'emploi et sources multiples (Direction de la statistique, Direction du plan, ONFP).

1990*: prévisions (hypothèse moyenne d'une légère reprise: bilan diagnostic Direction de l'emploi, juillet 1986).

Iv: Ivoiriens

NI: non-Ivoiriens (Africains non ivoiriens + non-Africains).

Tableau II.1 Structure de la population active de Côte d'Ivoire (%)

Population	1975	1980	1985	1990*
1 Population active	100	100	100	100
2 Population occupée	98	95	89	84
- Secteur agricole traditionnel	75	69	64	60
- Secteur moderne (privé+public)	9	10	8	7
- Secteur informel (sédentaire + non sédentaire)	14	16	17	18
3 - chômeurs	2	5	11	16

Source: Direction de l'emploi.

1990*: prévisions.

Tableau II.2 Structure de la population active de Côte d'Ivoire par sexe (%)

Population	1975		1980		1985		1990*	
	M	F	M	F	M	F	M	F
1 Population active	100	100	100	100	100	100	100	100
2 Population occupée	97	99	94	97	86	92	81	88
- Secteur agricole traditionnel	73	77	66	72	61	67	57	62
- Secteur moderne (privé+public)	17	2	19	2	14	2	11	2
- Secteur informel (sédentaire + non sédentaire)	7	20	9	23	11	23	13	24
3 Chômeurs	3	1	6	3	14	8	19	12

Source: Direction de l'emploi.

1990*: prévisions.

M: masculin.

F: féminin.

Tableau II.3 Structure de la population active de Côte d'Ivoire par nationalité (%)

Population	1975		1980		1985		1990*	
	IV	NI	IV	NI	IV	NI	IV	NI
1 **Population active**	100	100	100	100	100	100	100	100
2 **Population occupée**	98	98	97	94	90	87	84	85
- Secteur agricole traditionnel	84	51	78	50	72	50	65	50
- Secteur moderne (privé +public)	8	12	11	10	8	7	7	5
- Secteur informel (sédentaire + non sédentaire)	6	35	8	34	10	30	12	30
3 Chômeurs	2	2	3	6	10	13	16	15

Source: Direction de l'emploi.
1990*: prévisions.
IV: Ivoiriens.
NI: non-Ivoiriens (Africains non ivoiriens et non-Africains).

Tableau III.1 Bilan de l'emploi selon le milieu (rural/urbain) en Côte d'Ivoire en %

Structure de la Population	1975			1980			1985			1990*		
	Rural	Urb.	Total	rural	urb.	Total	rural	urb.	Total	rural	urb.	Total
1 Population totale	68,02	31,98	100,00	60,40	39,60	100,00	52,60	47,40	100,00	45,14	54,86	100,00
2 Population active	69,79	30,21	100,00	63,00	37,00	100,00	60,33	39,67	100,00	57,99	42,01	100,00
3 Population occupée	70,99	29,01	100,00	74,11	25,89	100,00	70,45	29,55	100,00	71,11	28,89	100,00
- secteur agricole traditionnel	82,86	17,14	100,00	94,72	5,28	100,00	90,20	9,80	100,00	94,59	5,41	100,00
- secteur moderne	18,77	81,23	100,00	15,00	85,00	100,00	15,06	84,94	100,00	14,20	85,80	100,00
- secteur informel	40,85	59,15	100,00	23,23	76,77	100,00	20,00	80,00	100,00	15,00	85,00	100,00

Source: Direction de l'emploi.

Tableau III.2 <u>Bilan de l'emploi selon le sexe (masculin/féminin) en Côte d'Ivoire en %</u>

Structure de la Population	1975			1980			1985			1990 *		
	M	F	Total	M	F	total	M	F	total	M	F	total
1 Population totale	51,79	48,21	100,00	52,05	47,95	100,00	52,21	47,79	100,00	52,59	47,41	100,00
2 Population active	51,18	48,82	100,00	51,75	48,25	100,00	51,80	48,20	100,00	51,80	48,20	100,00
3 Population occupée	50,66	49,34	100,00	50,97	49,03	100,00	50,13	49,87	100,00	49,72	50,28	100,00
- secteur agricole traditionnel	49,63	50,37	100,00	49,63	50,37	100,00	49,60	50,4	100,00	49,59	50,41	100,00
- secteur moderne	93,55	6,45	100,00	92,50	7,50	100,00	89,00	11,00	100,00	86,38	13,62	100,00
- secteur informel	27,68	72,32	100,00	29,65	70,35	100,00	34,87	65,13	100,00	37,11	62,89	100,00
4 Excédent 2-3	75,00	25,00	100,00	69,95	30,05	100,00	65,00	35,00	100,00	63,00	37,00	100,00

<u>Source</u>: Direction de l'emploi.

Tableau III.3 <u>Bilan de l'emploi selon la nationalité (Ivoirien/non-Ivoirien) en Côte d'Ivoire en %</u>

Structure de la Population	1975			1980			1985			1990		
	IV	N I	total	IV	N I	total	IV	N I	total	IV	N I	total
1 Population totale	77,56	22,44	100,00	74,80	25,20	100,00	71,96	28,04	100,00	69,40	30,60	100,00
2 Population active	73,54	26,46	100,00	69,61	30,39	100,00	66,34	33,66	100,00	63,52	36,48	100,00
3 Population occupée	73,51	26,49	100,00	70,24	29,76	100,00	67,14	32,86	100,00	63,24	36,76	100,00
- secteur agricole traditionnel	82,00	18,00	100,00	78,25	21,75	100,00	74,01	25,99	100,00	69,66	30,34	100,00
- secteur moderne	64,97	35,03	100,00	70,87	29,13	100,00	69,44	30,56	100,00	70,00	30,00	100,00
- secteur informel	32,75	67,25	100,00	35,00	65,00	100,00	40,00	60,00	100,00	40,00	60,00	100,00
4 Excédent (2-3)	75,00	25,00	100,00	54,64	45,36	100,00	60,00	40,00	100,00	65,00	35,00	100,00

<u>Source</u>: Direction de l'emploi.

Annexe 3 : Résultats de l'analyse de corrélation entre l'emploi et le chiffre d'affaires

TABLEAU I COEFFICIENT DE CORRELATION ENTRE L'EMPLOI ET LE CHIFFRE D'AFFAIRES ET ESTIMATION DES COEFFICIENTS LINEAIRES PAR BRANCHE ET VARIANTE DU MODELE

Branche d'activité	Coef	Emploi de l'année t/ chif.d'af. année t	Emploi de l'année t chif.d'af. année t-1	Emploi de l'année t chif.d'af. année t +1	Observations
05.00 Extraction de minérais et minéraux	r*	-0,61	-0,47	-0,68	branche mécanisée
	a*	-0,003		-0,004	
	b*	894,031		947,640	
06.00 Travaux de grains et farine	r	0,79	0,50	0,43	prépondérance variante 1 production vendue composante princi.
	a	0,338			
	b	-2281,170			
07.00 Indust. de conservation et de préparat. aliment.	r	0,30	0,15	0,47	faible liaison entre l'emploi et le chif. d'affaires
	a				
	b				
08.00 Fabrication de boissons et glace alimentaire	r	0,98	0,96	0,88	liaison forte prépondérance de la variante 1
	a	0,174	0,159	0,182	
	b	-177,897	292,365	-592,717	
09.00 Industrie des corps gras alimentaires	r	0,56	0,06	0,95	liaison forte pour la variante 3
	a			0,205	
	b			8459,627	
10.00 Autres indust. alimentaires tabac	r	0,81	0,84	0,98	liaison forte prépondérance de la variante 3
	a	0,440	0,516	0,483	
	b	-390,704	762,024	-2672,777	
11.00 Industrie textile et habillement	r	0,73	0,33	0,89	liaison forte variantes 1 et 3 prépond. variant. 3
	a	0,108		0,166	
	b	6439,704		3842,007	

*r = coefficient de corrélation entre emploi et chiffre d'affaires

*a et b coefficients linéaires estimés

TABLEAU I suite

12.00 Industrie du cuir et articles chaussants	r	0,93	0,48	0,85	liaison forte
	a	0,165	-	0,162	variante 1 et 3
	b	243,472	-	221,854	prépond. variant 1
13.00 Industrie du bois	r	0,15	-0,73	0,68	prépondérance de
	a	-	-0,192	0,235	variante 3
	b	-	12598,746	3188,063	
14.00 Produits dérivés du pétrole	r	0,92	0,85	0,98	liaison forte
	a	0,011	0,014	0,011	prépondérance des
	b	10,456	8,036	-39,040	variantes 3 et 1
15.00 Industrie chimique	r	0,90	0,79	0,46	liaison forte
	a	0,064	0,050	-	pour les variantes
	b	1562,344	1972,340		1 et 2
16.00 Production de caoutchouc et prod. en caoutchouc	r	0,85	0,62	0,49	liaison forte
	a	3,040	1,901	-	pour la variante
	b	-5267,638	-473,827	-	1
17.00 Production de materiaux de constru et verre	r	0,18	-0,21	0,38	liaison faible
	a	-	-	-	
	b	-	-	-	
18.00 Première transformation des métaux	r				
	a	pas d'information			
	b				
19.00 Construction et reparation de materiel de transp.	r	0,94	0,31	0,29	liaison forte dans
	a	0,099	-	-	le seul cas de la
	b	1205,464	-	-	variante 1
20.00 Autres indust. mécaniques et électriques	r	0,84	0,72	0,80	liaison forte
	a	0,114	0,07	0,125	prépondérance de
	b	1524,919	3142,219	882,99	la variante 1
21.00 Industries diverses	r	0,63	0,17	0,66	liaison moyenne
	a	0,051	-	0,06	prépondérance
	b	1378,347	-	1235,386	variantes 3 et 1
22.00 Energie Gaz Eau	r	0,92	0,86	0,97	liaison forte
	a	0,071	0,056	0,074	prépondérance
	b	2341,869	3018,121	2048,611	variantes 3 et 1
23.00 Bâtiment et travaux publics	r	0,72	-0,14	0,98	liaison forte
	a	0,125	-	0,181	pour les variantes
	b	16831,745	-	8030,160	3 et 1
24.00 Transports et communications	r	-0,80	-0,84	-0,76	liaison forte
	a	-0,217	-0,233	-0,240	mais en sens
	b	39789,911	3973[illegible]194	44587,340	contraire

TABLEAU I fin

25.00 Auxilliaires de l'immobilier	r a b	-0,33 - -	-0,80 -0,016 244,131	0,64 0,013 165,569	difficile à conclure: variant 2 liaison négati variante 3 liaisc positive
26.00 services	r a b	0,91 0,150 3976,310	0,80 0,114 6861,452	0,97 0,177 1564,860	liaison forte de prépondérance des variantes 3 et 1
27.00 Commerce	r a b	0,90 0,015 12556,214	0,49 - -	0,89 0,026 2260,541	liaison forte pour variantes 1 et 3
28.00 Institutions financières et assurances	r a b	pas	d'information		on ne peut conclure
30.00 Organismes d'Etat	r a b	0,48 - -	0,23 - -	0,80 0,256 4498,141	seule la variante 3 présente une liaison singi-cative
31.00 Activité de recherche	r a b	pas d'information			
32.00 Enseignement privé	r a b	0,85 0,306 366,811	0,75 0,270 463,122	0,84 0,257 338,667	liaison forte prépondérance variantes 3 et 1
34. Sociétés à capitaux	r a b	-0,66 -0,025 2017,362	-0,56 - -	0,51 - -	liaison moyenne et négative(en sens contraire)

TABLEAU II

TABLEAU II Classement * des branches d'activité selon le niveau du dégré d'interdépendance (coefficient de corrélation) entre l'emploi et le chiffre d'affaires pour chacune des variantes par odre décroissant

Variante 1		Variante 2		Variante 3		Rang
Branche d'activité	coef. corré.	Branche d'activit	coef. corré.	Branche d'activit	coef. corré.	
08.00 Fabrication de boisson et glace alimentaire	0,979	08.00 Fabrication de boisson et glace alimentaire	0,957	23.00 B T P	0,982	1
19.00 Construction et réparation de matériel de trans.	0,941	22.00 Energie	0,861	14.00 Produits dérivés du pétrole	0,979	2
12.00 Industrie du cuir et des articles chaus.	0,927	14.00 Produits dérivés du pétrole	0,845	10.00 Autres Industries alimentaires et tabac	0,978	3
14.00 Produits dérivés du pétrole	0,924	10.00 Autres industries alimentaires et tab.	0,844	22.00 Energie Gaz Eau	0,971	4
22.00 Energie Gaz Eau	0,918	24.00 Transports et communications	-0,837	26.00 Services	0,971	5
26.00 Services	0,910	26.00 Services	0,803	09.00 Industrie des corps gras alimentaires	0,949	6
27.00 Commerce	0,895	15.00 Industrie chimique	0,794	27.00 Commerce	0,890	7
15.00 Industrie chimique	0,895	32 Enseignement privé	0,751	11.00 Industrie textile et habillement	0,889	8
32 Enseignement privé	0,849	13.00 Industrie du bois	-0,727	08.00 Fabrication de boissons et glace alimentaire	0,877	9
16.00 Production de caoutchouc et produit en caout.	0,847	20.00 Autres industries méca. électriques	0,720	32.00 Enseignement privé	0,869	10

TABLEAU II (suite et fin)

20.00 Autres industries mécani. et électriques	0,839			12.00 Industrie du cuir et art. chaussants	0,845	11
10.00 Autres indus alimentaires et tabac	0,810			30.00 Organisme d'Etat	0,800	12
24.00 Transports et communications	0,796			20.00 Autres industries méca-niques et élect.	0,795	13
06.00 Travail de grains et farine	0,787			24.00 Transports et communications	-0,758	14
11.00 Industrie textile et habillement	0,733			13.00 Industrie du bois	0,681	15
23.00 B T P	0,716			05.00 Extraction de minérais et minéraux	-0,680	16
				21.00 Industries diverses	0,658	17

Variante 1 Emploi année t est fonction du chiffre d'affaires année t

Variante 2 Emploi année t est fonction du chiffre d'affaires année t -1

variante 3 Emploi année t est fonction du chiffre d'affaires année t +1

* classement pour les branches où le coefficient de corrélation est significative i.e valeur absolue supérieure ou égale à 0,65 $|r| \geq 0,65$

TABLEAU III Classement des branches d'activité selon le niveau du coefficient linéaire a (" propension marginale à recruter") par variante et par ordre décroissant

Variante 1		Variante 2		Variante 3		
Branche d'activité	coef. a*	Branche d'act.	coef. a	Branche d'act.	coef. a	rang
16.00 Production de caoutchouc et produits en caout.	3,04	10.00 Autres ind. alimentaires et tabac	0,516	10.00 Autres ind alimentaires et tabac	0,433	1
10.00 Autres indus alimentaires et tabac	0,440	32.00 Enseignement privé	0,270	32.00 Enseignement privé	0,257	2
06.00 Travail de grains et farine	0,338	08.00 Fabrication de boissons et glace alimentaire	0,159	13.00 Industrie du bois	0,235	3
32.00 Enseignement privé	0,306	26.00 Services	0,114	30.00 Organisme d'Etat	0,256	4
08.00 Fabrication de boissons et glace alimentaire	0,174	20.00 Autres ind mécaniques et électriques	0,070	09.00 Industrie des corps gras et préparat. aliment	0,205	5
12.00 Industrie du cuir et des art. chaussants	0,165	22.00 Energie Gaz Eau	0,056	08.00 Fabricat de boissons et glace alimentaire	0,182	6
26.00 Services	0,150	15.00 Industrie chimique	0,050	23.00 B T P	0,181	7
23.00 B T P	0,125	14.00 Produits dérivés du pétrole	0,014	26.00 Services	0,177	8
20.00 Autres ind mécaniques et électriques	0,114	13.00 Industrie du bois	-0,[illegible]	11.00 Industre textile et habillement	0,166	9

TABLEAU III (suite et fin)

10.00 Industrie textile et habillement	0,108	24.00 Transports et communications	-0,233	12.00 Industrie du cuir et des art. chaussants	0,162	10
19.00 Construction et réparation de matériel de transp	0,099			20.00 Autres ind mécaniques et électriques	0,125	11
22.00 Energie Gaz Eau	0,071			22.00 Energie Gaz Eau	0,074	12
15.00 Industrie chimique	0,064			21.00 Industries diverses	0,060	13
27.00 Commerce	0,015			27.00 Commerce	0,026	14
14.00 Produits dérivés du pétrole	0,011			14.00 Produits dérivés du pétrole	0,011	15
24.00 Transports et communications	-0,217			05.00 Extraction de minérai et minéraux	-0,004	16
				24.00 Transports et communications	-0,24	17

Variante 1 : emploi de l'année t est fonction du chiffre d'affaires de l'année t

Variante 2 : emploi de l'année t est fonction du chiffre d'affaires de l'année t -1

Variante 3 : emploi de l'année t est fonction du chiffre d'affaires de l'année t +1

Annexe 4 : Sources des données sur l'emploi et la production (chiffre d'affaires)

Les sources de données sur les informations, utilisées dans cette étude proviennent, d'une part, de la centrale des bilans publiée par la banque des données financières, (BDF) et d'autre part, des Statistiques de la Chambre d'Industrie (CI).

Les données émanant de la BDF portent sur l'emploi représenté par les effectifs déclarés par les entreprises en fin d'exercice (stock en fin d'exercice). Ces effectifs, comme les autres informations de la BDF, sont regroupés par branche d'activité. Le classement des entreprises en branche d'activité se fait selon le critère de la valeur ajoutée.

Proviennent également de la BDF, le chiffre d'affaires (HT)*

Avec ses trois composantes : production vendue, marchandises revendues en l'état et les prestations de services, toutes en H.T.

S'agissant de la Chambre d'Industrie (CI), les données ont été utilisées pour corriger le chiffre d'affaires (y compris ses composantes) du phénomène inflationniste, par l'intermédiaire de la variation annuelle des prix sur chiffre d'affaires. (1)

Les données utilisées se rapportent à la période 1975-1981 jugée plus homogène compte tenu de la crise pétrolière de 1973-1974 qui a généré une situation inflationniste.

* H.T : hors taxes

D'autre part les données de la BDF, qui publie la centrale des bilans depuis 1973, sont devenues plus fiables dès 1975 et les dernières dont on dispose sont relatives à1981.

Malgré cette fiabilité il faut noter les remarques suivantes :

- la centrale des bilans de l'année t parait à l'année t +2 ; cela est due en grande partie au retard observé dans le dépôt, par les entreprises, des documents comptables et relatives à l'emploi.

- la BDF dispose de peu d'information sur le secteur primaire et les institutions financières (Banques, Assurances notamment).

- les données ne portent que sur le secteur moderne privé et parapublic.

Il faut souligner qu'en l'absence d'un indice des prix sur le chiffre d'affaires au niveau du tertiaire, celui de l'industrie (toute branche confondue) a été appliqué à l'ensemble des branches, et à ses différentes composantes.

Ces limites n'ont pas objet de remettre en cause l'étude, mais elles visent à attirer l'attention du lecteur pour l'appréciation qu'il serait amené à faire sur les données et par voie de conséquence sur les résultats.

Méthodologie

La mise en évidence de l'interdépendance ou de la liaison entre l'emploi et le chiffre d'affaires se fait sur la base du modèle de régression linéaire simple (à une variable). Ce qui signifie qu'on fait l'hypothèse que l'emploi est fonction linéaire du chiffre d'affaires. Avant d'arriver à la spécification du modèle, il a d'abord été question de transformer les données de base

Transformation des données de base

Les données de base portent sur l'évolution des effectifs, du chiffre d'affaires (H.T) et de ses composantes par branche d'activité sur la période 1975-1981.

Annexe 5 : Rapport final du séminaire national sur la promotion du secteur informel en côte d'ivoire 12 au 17 octobre 1987 à Abidjan

A l'initiative du ministère du Travail, avec la collaboration du Bureau international du Travail (BIT), le Séminaire national pour la promotion du secteur informel s'est tenu du 12 au 17 octobre 1987 au Centre du commerce international d'Abidjan (CCIA), suivant un programme inscrit en annexe 1.

L'objectif visé par ce séminaire s'articulait autour de trois axes interdépendants:

1) la meilleure connaissance du secteur et en particulier les méthodes d'investigations, les formes d'organisation et le fonctionnement de ce secteur;

2) la sensibilisation des décideurs et des planificateurs en vue d'une reconnaissance légale et d'une meilleure intégration du secteur dans le processus de développement économique et social de la nation;

3) l'identification des voies et moyens pour la promotion de ce secteur en vue d'atténuer le chômage et le sous-emploi.

Pour atteindre ces objectifs, le séminaire a abordé quatre thèmes au moyen de 23 communications réparties comme suit : exposé introductif (trois communications) ; méthodes d'investigation (six communications) ; organisation et institutionnalisation (sept communications) ; formation et apprentissage aux métiers (trois communications) ; assistance technique et financière (quatre communications).

1.1 Participation

Environ 160 personnes ont participé au séminaire, en provenance des ministères techniques, des organismes nationaux, des organisations patronales, des travailleurs, des artisans, des professionnels du secteur, des ambassades et des organisations internationales et régionales (BIT, PECTA, CEDEAO, CEAO, CIADFOR, BCEAO, ORSTOM).

1.2 Cérémonie d'ouverture

La cérémonie officielle d'ouverture a été présidée par le ministre du

Travail, en présence des ministres du Plan, de l'Industrie, du Commerce et de la Construction et Urbanisme, du directeur régional de l'OIT (Organisation internationale du Travail) et du secrétaire général de l'UGTCI (Union générale des travailleurs de Côte d'Ivoire).

Dans son allocution d'ouverture (cf. annexe II), le ministre, après avoir stigmatisé les caractéristiques spécifiques du secteur informel, a mis l'accent sur la nécessité, pour le gouvernement, de retenir ce secteur à immense potentialité d'emplois comme un cadre privilégié pour la· recherche permanente de l'équilibre du marché de l'emploi, tant en milieu urbain qu'en milieu rural. Mais un tel objectif ne pourrait être atteint que dans le cadre d'une concertation nationale permanente qui vise à mettre en place un ensemble de programmes nationaux, cohérents et tendant tous à la promotion des activités informelles.

1.3 Bureau du séminaire

Après l'ouverture officielle, le bureau du séminaire a été mis en place et se compose comme suit un président, deux vice-présidents, un rapporteur général et trois rapporteurs adjoints.

1.4 Résumé des exposés introductifs

Les participants ont pu bénéficier de trois exposes introductifs le premier fait par M. Koffi Koffi Paul, directeur de l'emploi, le deuxième par M. Maldonado, expert du BIT, et le troisième par M. Kalala, membre du BITIPECTA

Dans son exposé, M. Koffi Koffi (chapitre II .1), après avoir posé la problématique de l'emploi informel et précisé les différents concepts et définitions du secteur, a montré l'importance économique de ce secteur, tant au niveau de sa contribution au produit intérieur brut qu'au niveau de sa capacité d'absorption de main-d'œuvre, avant de souligner les grandes lignes de la nouvelle stratégie de la politique de l'emploi, dont en particulier la promotion du secteur informel appelé à réduire l'excédent de main-d'œuvre en milieu urbain et infléchir le chômage.

L'exposé de M. Maldonado (chapitre II.2) a fait le bilan de la riche expérience du BIT en matière de recherches sur les activités du secteur. Il a été montré que le caractère hétérogène de ce secteur, du fait de sa segmentation en sous-ensembles cohérents, fait appel à la fois à une approche globalisante dans l'appréhension de celui-ci, complétée par des analyses spécifiques à chaque sous-ensemble. Il a souligné ensuite la nécessité d'une intervention souple et incitative de l'Etat en termes de politique macro-économique. Tout en mettant l'accent sur une répartition conséquente des ressources disponibles entre les grandes entreprises et les petites activités marchandes, un ensemble des mesures d'accompagnement a été mis en relief, notamment: un partage concerté des marchés entre ces différentes formes de production, une utilisation plus intensive de la main-d'œuvre abondante en Afrique et une amélioration ou un allègement des conditions fiscales et administratives qui peuvent compromettre l'objectif de promotion et de croissance des activités du secteur.

Le troisième exposé introductif (chapitre II.3), après avoir confirmé les conclusions des deux premiers, a révélé le dynamisme interne des activités informelles, la forte élasticité de substitution entre le facteur capital et le facteur travail, avant d'identifier les effets pervers que pourraient avoir sur l'emploi des contraintes classiques administratives ou fiscales.

I.5 Installation des commissions

Après l'exposé des 23 communications en séance plénière, un débat général fort enrichissant, suivi d'une projection vidéo relative à l'expérience du BIT en matière d'appui aux petits métiers urbains dans trois pays d'Afrique (Rwanda, Mali et Togo) et du témoignage des artisans ivoiriens sur leurs expériences, a permis d'orienter le débat dans les différentes commissions.

Celles-ci ont été constituées comme suit

Commission 1 : Méthodes d'investigation dans le secteur informel (développé en annexe III).

Commission II : Organisation et institutionnalisation du secteur informel (développé en annexe IV).

Commission III : Formation et apprentissage aux métiers du secteur informel (développé en annexe V).

Commission IV: Assistance technique et financière (développé en annexe VI).

1.6 Conclusions du séminaire

Après la constitution des groupes, les différentes commissions se sont mises au travail pour approfondir le débat entamé en séance plénière. A l'issue de ces discussions en commission, le séminaire a retenu les conclusions suivantes:

1.6.1 Conclusions d'ordre général

1) l'auto-organisation est la principale caractéristique des activités informelles;

2) la nécessité de la reconnaissance officielle du secteur par les pouvoirs publics. Celle-ci pourrait être matérialisée soit par l'établissement d'une carte professionnelle, soit par la mise en place d'un répertoire des métiers du secteur;

3) le secteur informel est un pourvoyeur d'emplois et, à ce titre, devrait être considéré comme un cadre privilégié dans l'absorption de l'excédent de main-d'œuvre et la réduction du chômage urbain ;

4) la nécessité de sensibiliser le public sur le rôle économique et social de ce secteur ;

5) la nécessité de valoriser les ressources techniques et humaines et de promouvoir la technologie traditionnelle ;

6) la nécessité d'adapter les textes réglementaires au secteur ;

7) la nécessité de mettre en place une structure nationale de concertation et de coordination des actions de promotion de l'emploi.

Conclusions spécifiques aux thèmes

Après le débat fort enrichissant en séance plénière suivi de projections vidéo et à l'issue des discussions en commission, le séminaire a retenu pour chaque thème les conclusions suivantes :

1.6.2 Conclusions relatives au thème I

1) la connaissance partielle du secteur dont l'hétérogénéité et la complexité ne permettent pas d'adopter une approche globalisante mais plutôt des analyses spécifiques à chaque sous-secteur;

2) la difficulté de définir ce secteur, du fait de l'existence d'un grand

nombre d'approches faisant intervenir des typologies, des concepts et des critères très variés. Certains spécialistes optent pour une définition "multicritères" dans une optique globalisante, d'autres pour une approche sectorielle;

3) du point de vue objectif d'enquête, le séminaire a retenu trois objectifs, à savoir : la détermination du nombre d'activités et du volume d'emploi ; la connaissance de la structure des activités; le fonctionnement et le dynamisme interne du secteur ;

4) du point de vue méthode de collecte d'informations, le séminaire a retenu comme unité statistique d'enquête l'entreprise et comme méthode d'enquête le sondage dont la base serait constituée à partir des résultats des investigations disponibles : recensement général de la population ; enquêtes auprès des ménages ; enquêtes ONFP ; enquêtes sectorielles ; monographies socio-économiques ; fichier des patentes et taxes au niveau des communes ; fichier des impôts ; registre de la chambre des métiers, etc.

(Voir en annexe VII le rapport des travaux de la Commission 1.)

1) 1.6.3 <u>Conclusions relatives au thème II</u>

L'auto-organisation qui devrait être fondée sur des basées sur la confiance mutuelle ou sur des formes d'affinité, centre d'intérêt, branche d'activité,

2) la nécessité d'élaborer un ensemble de programmes macro-économiques qui impliquerait tous les partenaires et les décideurs en vue d'éviter des interventions disparates, non coordonnées et incohérentes;

3) de tels programmes devront viser avant tout : l'organisation de la production en mettant l'accent sur l'utilisation intensive de la main-d'œuvre abondante ; le développement de la technologie; l'organisation du marché pour inciter et créer une demande nationale ; l'allégement ou l'aménagement de conditions fiscales et administratives spécifiques pour favoriser le dynamisme interne du secteur ;

4) pour ce faire, le séminaire reconnaît la nécessité de création d'un comité national pour la promotion de l'emploi chargé, entre autres, d'engager la concertation nationale permanente entre les différents services impliqués dans les programmes de promotion du secteur ;

5) de même, la nécessité de mettre en place un Fonds national pour la promotion de l'emploi destiné au financement de tous les projets visant au

développement des activités du secteur informel en particulier, et à la promotion de l'emploi en général ;

6) pour rendre cette assistance plus efficace et plus adaptée, les collectivités locales pourraient bénéficier d'un transfert de compétences et de ressources adéquates, en vue de prendre des mesures de promotion des activités du secteur telles que : incitation, sensibilisation, appui, allocation d'espace et de parcelles aux acteurs.

(Voir en annexe VIII, le rapport des travaux de la Commission II.)

1.6.4 <u>Conclusions relatives au thème III</u>

1) le système éducatif et de formation produit une main-d'œuvre orientée vers l'emploi moderne ;

2) l'absence de critères de validation de la formation et la méconnaissance des compétences professionnelles ;

3) la méconnaissance des mécanismes de transmission du savoir-faire dans le cadre de la formation sur le tas ;

4) l'absence de politique globale de formation (formation de base et perfectionnement des artisans) qui se traduit, entre autres, par l'inexistence de mesures d'incitation, de sensibilisation ou d'encadrement ;

5) l'inexistence d'informations et de documentations sur la formation et l'installation des acteurs du secteur ;

6) la nécessité de renforcer et d'encourager le système de formation dans le secteur informel.

(Voir en annexe IX le rapport des travaux de la Commission III.)

1.6.5 <u>Conclusions relatives au thème IV</u>

A. <u>Du point de vue assistance technique</u>

1) la nécessité de l'assistance technique en matière de : a) moyen de production (formation de la main-d'œuvre, développement de la technologie, méthode de gestion, etc.) ; b) amélioration de la qualité des produits ; c) commercialisation et approvisionnement ;

2) la nécessité de renforcer le CAPEN dans le cadre de ses actions d'assistance;

3) la poursuite de l'élaboration du répertoire Lvo i r i en opérationnel des métiers et emplois (RIOME) pour favoriser le recensement exhaustif de tous les métiers ;

4) le besoin des concours des organisations gouvernementales et non gouvernementales en matière d'expertise.

B. <u>Du point de vue assistance financière</u>

1) les activités informelles ont toujours été le parent pauvre en matière d'assistance financière ;

2) les banques devraient améliorer les modalités afférentes à leurs concours en faveur des activités informelles, et en particulier l'application du taux préférentiel et la détermination d'un coefficient sectoriel propre au secteur;

3) la nécessité de promouvoir les formes d'épargnes familiales, individuelles, tontine, banque populaire, caisse rurale d'épargne et de prêt (CREP) ;

4) le besoin de rechercher des sources de financement extérieur spécialement affectées au secteur informel (ligne de crédit classique) ;

5) le nouveau fonds de garantie devrait jouer son rôle entre les sources de financement et les artisans.

(Voir en annexe X le rapport des travaux de la Commission IV.)

1.7 <u>Recommandations</u>

Suite aux conclusions des travaux en commission, le séminaire recommande ce qui suit:

1. Une collaboration franche et suivie entre les différentes structures administratives afin de faciliter la collecte et l'exploitation des sources d'informations existantes permettant ainsi de constituer une large base de sondage.

2. De réactiver le projet du répertoire ivoirien opérationnel des métiers et emplois (RIOME).

3. Déprocéder à des enquêtes en vue de mieux saisir la Nature des activités exercées, leurs modes d'organisation et de fonctionnement, ainsi que les potentialités de croissance de la micro-entreprise informelle.

4. 4. D'adapter aussi bien les structures institutionnelles que le cadre légal et réglementaire aux caractéristiques du secteur informel tout en lui conservant sa dynamique interne.

5. De décentraliser au maximum l'assistance au secteur par un transfert de certaines compétences aux collectivités locales pour une plus grande efficacité des actions l'appui direct.

6. D'inviter les communes à répertorier les différentes activités sur leur territoire, à recenser les agents économiques concernés, à envisager des mesures incitatives telles que l'aménagement des espaces destinés à leur installation, l'allégement des charges fiscales, etc.

7. De prendre des mesures économiques visant à créer un environnement favorable au développement des petits métiers tout en leur réservant certains marchés, y compris une partie de ceux actuellement couverts par les importations.

8. De mettre en place un Comité national pour l'emploi chargé de la coordination des actions en faveur du secteur informel. Ce comité devrait être doté de moyens humains, juridiques et financiers dont un Fonds spécial pour la promotion de l'emploi.

9. D'assurer la reconnaissance des compétences techniques et professionnelles dont recèle le secteur en vue de la valorisation et du renforcement des méthodes de formation qu'il met en œuvre.

10 D'identifier des métiers dont les potentialités d'emploi et de revenus seraient de nature à susciter des vocations chez les jeunes.

11. D'élargir le débat sur la réforme du système éducatif en l'orientant vers une meilleure prise en considération des métiers manuels dans les programmes de l'enseignement primaire et secondaire et dans l'alphabétisation fonctionnelle en langues nationales.

12. D'élaborer et de promouvoir une politique de formation spécifique axée sur la création d'entreprises artisanales en mettant en place un système de financement de l'apprentissage dans le secteur informel.

13. D'entreprendre des actions de s sensibilisation sur les possibilités de gains qu'offre le secteur moyennant, entre autres, la constitution d'un réseau de documentation et de diffusion de l'information.

14. D'apporter une assistance technique et financière adéquate par l'intermédiaire de structures appropriées, compte tenu des formes d'organisation interne au secteur.

15. De mettre sur pied un appui souple et polyvalent devant porter à la fois sur le développement de technologies appropriées, l'amélioration et la diversification des productions ainsi que sur la maîtrise des circuits de commercialisation.

16. De renforcer les formes locales de financement en prenant appui sur les systèmes d'épargne tels que l'épargne familiale et individuelle, les tontines, les caisses rurales d'épargne et de prêt (CREP), les banques populaires.

17. D'examiner avec l'ensemble du système financier des modalités d'accès au crédit mieux adaptées au fonctionnement et aux capacités de remboursement des opérateurs du secteur informel.

18. De négocier avec le Comité national du crédit des possibilités d'affecter un coefficient sectoriel propre à couvrir les besoins de financement des activités informelles.

Fait à Abidjan le 17 octobre 1987. Le séminaire.

TABLE DES MATIERES

Structures éditoriales du groupe L'Harmattan

L'Harmattan Italie
Via degli Artisti, 15
10124 Torino
harmattan.italia@gmail.com

L'Harmattan Hongrie
Kossuth l. u. 14-16.
1053 Budapest
harmattan@harmattan.hu

L'Harmattan Sénégal
10 VDN en face Mermoz
BP 45034 Dakar-Fann
senharmattan@gmail.com

L'Harmattan Cameroun
TSINGA/FECAFOOT
BP 11486 Yaoundé
inkoukam@gmail.com

L'Harmattan Burkina Faso
Achille Somé – tengnule@hotmail.fr

L'Harmattan Guinée
Almamya, rue KA 028 OKB Agency
BP 3470 Conakry
harmattanguinee@yahoo.fr

L'Harmattan RDC
185, avenue Nyangwe
Commune de Lingwala – Kinshasa
matangilamusadila@yahoo.fr

L'Harmattan Congo
219, avenue Nelson Mandela
BP 2874 Brazzaville
harmattan.congo@yahoo.fr

L'Harmattan Mali
ACI 2000 - Immeuble Mgr Jean Marie Cisse
Bureau 10
BP 145 Bamako-Mali
mali@harmattan.fr

L'Harmattan Togo
Djidjole – Lomé
Maison Amela
face EPP BATOME
ddamela@aol.com

L'Harmattan Côte d'Ivoire
Résidence Karl – Cité des Arts
Abidjan-Cocody
03 BP 1588 Abidjan
espace_harmattan.ci@hotmail.fr

Nos librairies en France

Librairie internationale
16, rue des Écoles
75005 Paris
librairie.internationale@harmattan.fr
01 40 46 79 11
www.librairieharmattan.com

Librairie des savoirs
21, rue des Écoles
75005 Paris
librairie.sh@harmattan.fr
01 46 34 13 71
www.librairieharmattansh.com

Librairie Le Lucernaire
53, rue Notre-Dame-des-Champs
75006 Paris
librairie@lucernaire.fr
01 42 22 67 13

www.ingramcontent.com/pod-product-compliance
Lightning Source LLC
LaVergne TN
LVHW011254061026
849535LV00005B/1259